続・続 江戸東京歴史文学散歩

入谷盛宣

目次

表紙絵

こちずライブラリ刊
「路線図入り　御江戸大絵図」を使用
（御江戸大絵図　原本刊行年・天保十四年）

続・続 江戸東京歴史文学散歩

府中市

古代から近世までの歴史の宝庫

2020年 11月記

府中市には、古墳時代、飛鳥・奈良時代、平安時代、鎌倉・室町時代、江戸時代といった日本史上の各時代の遺跡が存在しており、その意味で歴史の宝庫といっても差し支えないであろう。今回の散策は、京王線府中駅からケヤキ並木や、武蔵国府跡・大國魂《おおくにたま》神社などを経て、旧甲州街道に沿って宿場跡や幾つかの寺院を訪ねつつ、西に向かって分倍河原駅に至り、その南方に位置する分倍河原古戦場跡を訪ねたあと、更に西府駅に足を伸ばし、古墳の遺跡を訪ねたのである。

今回の散策は、二〇二〇年十月下旬の晴れた日に行ったが、何年か前に参加した東京シティガイドクラブのツアーを参考にしつつ、何点かの補足を加えたものである。

馬場大門ケヤキ並木・武蔵国府跡国衙《こくが》地区・ふるさと府中歴史館・大國魂《おおくにたま》神社・武蔵国府跡国司館地区・家康府中御殿跡・宮乃咩《みやのめ》神社・称名《しょうみょう》寺

京王線府中駅西口を出ると目の前に南北を走るケヤキ並木がある。すぐそばに、「**天然記念物大國魂神社欅並木**」と彫られた石柱が建っている。また、近くに設置されたパネルによれば、正式な名称は「**馬場大門ケヤキ並木**」というようだ。並木道は大國魂神社の門前から南北約五〇〇メートルに及び、並木の樹種十一種約二百五十本の内ケヤキは約百五十本、内樹齢五十年以上が四十五本となっている。ケヤキ並木は、平安末期の一〇六二年、源頼義・義家父子が奥州安倍一族の乱（前九年の役）鎮圧の帰途、往路にした戦勝祈願のお礼参りとして、大國魂神社にケヤキの苗千本を寄進したことに始まるといわれる。その後徳川家康は関ケ原の合戦（一六〇〇年）、大坂冬の陣・夏の陣（一六一四〜一五年）の戦勝のお礼として、東西に二筋の馬場を献納し、ケヤキの苗を補植した。馬場は現在幅の広

い歩道になっている。歩道を南に進んで行くと、若々しい甲冑姿の**源義家の銅像**が建っている。

ケヤキ並木の南端は旧甲州街道に接しているが、そこには**万葉歌碑**があり、「武蔵野の草は諸向きかもかくも君がまにまに吾は寄りにしを」（武蔵野の草は同じ方向に靡くように、とにもかくにもあなたの意のままに寄り添っていますのに、それなのに何故……）という東歌《あずまうた》が記されている。旧甲州街道の南側には大鳥居があるが、これは二の鳥居である。一の鳥居はケヤキ並木の最北端にあったそうだ。参道はさらに続き、奥に神社の随神門が見えるが、ここは一旦旧甲州街道を東に向かい、府中市観光情報センターに立ち寄った。各種地図や資料を入手するとともに、分倍河原の合戦の場所を尋ねたところ、ふるさと府中歴史館の学芸員を紹介してくれた。

次いで大國魂神社の東の縁に沿った道を南方向に進むと、程なくして左側に**武蔵国府跡**がある。大宝律令の制定（七〇一年）により、全国を五畿七道に分けて管理し、六十余国に区分して、各国に支配拠点となる役所・国府が置かれた。武蔵国は現在の埼玉県と東京都の全域と神奈川県の一部に及ぶ大国であり、その国府が府中に置かれたのである。府中市は昭和五十年以降行った発掘調査の結果、東西二・二キロメートル南北一・八キロメートルに及ぶ大規模な国府域を確定した。更にそのほぼ中央に当たるところで役所の中枢施設と考えられる、武蔵国府内で最大規模の建物跡が見つかり、そこが施設整備された。確認された掘立柱の礎石が再現され、それぞれの礎石の上には赤い色を塗ったコンクリートの柱が林立し、西側の道路に及ぶところは道路にも柱を平面表示し、北側の隣地に及ぶところはミラーガラスを当時の建物の棟部分に当たるように配して、鏡の写り込みで、建物の規模を表現する工夫を凝らしている。平成二十一年七月に、この中央部分は「武蔵国府跡（国衙地区）」として国史跡に指定された。

この国府跡のすぐ南にある大國魂神社の東門に当たる鳥居を潜って神社の境内に入り、先ずは**ふるさと府中歴史館**に直行した。紹介された学芸員に、分倍河原の合戦の古戦場の位置その他について尋ねた後、館内を見て回った。武蔵国府跡やその関連遺跡の発掘調査の成果、古代国府を中心とした市の歴史や文化に関して紹介する施設である。発掘された瓦・食器や壺などの土器・文房具などの他、近代以降の歴史資料や公文書なども公開されている。残念ながら、電動式に市内を紹介するジオラマや、CGによる奈良時代の国府を再現するバーチャル・ツーリングなどは、コロナ禍のため一時的に使用が休止されていた。

次に随神門・中雀門を潜って塀に囲まれた**大國魂神社**の本殿の一角に入った。大國魂神社は、大國魂大神《おおくにたまのおおかみ》（出雲の大国主神と同神）を武蔵国の守り神として祀った神社である。起源は古く、景行天皇の時代の西暦一一一年と伝えられており、厄除け・縁結び・福の神のご利益があるとされている。また、特に格式の高い明治神宮・東京大神宮・日枝神社・靖国神社と並び「東京五社」の一つとなっている。大化の改新（六四五年）により当社を国衙の斎場として、国司が祭祀を司り、平安時代には武蔵国中の神社を集めてお祀りしたので、武蔵総社といわれるようになった。拝殿及び本殿は源義家が奥州征伐の後に建て直したが、それ以来、北にらみを利かすために北向きに建てられ、また、注連縄《しめなわ》は左右が逆につけられている。源頼朝が戦勝祈願して拝殿の前に挿した竹の矢は、根付いて現在も生い茂っており、鎌倉・室町両幕府も篤く崇敬した。徳川家康は関ケ原の合戦と大坂冬の陣・夏の陣の戦勝祈願を行ったことから、戦勝後、前述したように、ケヤキ並木の補植や馬場などの多額の寄進を行った。現社殿は一六四六年の大火で焼失後、四代将軍家綱の命により一六六七年に再建されたもので、東京都有形文化財に指定されている。本殿の周囲を左からまわると、松尾神社・巽神社・東照宮・住吉神社・大鷲神社などの末社がある。また南西の隅には大イチョウの木があるが、イチョウの老木は、樹液が乳房のように垂れ下がって固まっており、子育ての神として崇拝されている。

ここで住吉神社の近くの通用門から駐車場を経て南西方向に進むと、府中街道に出る。この出口には平成二十九年に民間企業の寄進により建てられた鳥居がある。出た所は三叉路になっており、その南西方向の角の広場が、**武蔵国府跡国司館地区**である。ここに武蔵国の国司が居住した館があったのである。五棟の大型の掘立柱建物が東西・南北に柱筋を揃えて規則正しく配置されている。平成二十三年に武蔵国府跡の史跡として追加指定された。これらの建物跡の特定の場所に立つと説明を始める音声ガイドの装置があるようだが、コロナ禍のため一時的に休止していた。

　この同じ広場は、徳川家康が設けた**家康府中御殿跡**でもあった。一五九〇年、小田原北条氏滅亡後、徳川家康は関東七か国に移封となった。同年、奥州征伐後天下統一を果たした豊臣秀吉を饗応するため、急遽造営したものといわれている。その後、家康・秀忠・家光の三代の将軍が鷹狩りの際の宿舎として使用され、また一六一七年、家康の霊柩が久能山から日光に移送された際に逗留と法要の場ともなった。建物・堀・塀・厩と推定される跡も発掘されたが、現在目にすることができるものは、ＪＲ南武線府中本町駅の脇にある石積井戸だけである。その場所に行くためには、広場から一旦出て西側のＪＲの方向に進み、左折して細い通路に入らなければならない。通路は井戸にぶつかり、迂回するようになっている。

　再び神社南西の鳥居を通って大國魂神社の境内に戻り、中雀門・随神門を経て参道を北上した。ふるさと府中歴史館の対面に**宮乃咩《みやのめ》神社**がある。大國魂神社の摂社で創立は本社と同じ一一一年とされている。祭神は天鈿女命《あめのうずめのみこと》で演芸の神・安産の神である。頼朝の妻政子が当社に安産を祈願したと伝えられる。さらに北上して大鳥居から出れば旧甲州街道である。

　旧甲州街道を北側に渡って、西に五〇メートル歩くと**松本屋**がある。創業一七二五年といわれる老舗旅館である。天然理心流三代目の近藤周助（四代目が近藤勇）が、自流アピールのため大國魂神社に献額し、その夜盛大な祝宴をこの松本屋で催した話なども伝わっている。最近まで情緒のある古い建物だったようだが、今ではすっかり近代的なビルに建て替わってしまった。そのあと、ケヤキ並木との交差点にあるレストランで昼食をとった後、ケヤキ並木から旧甲州街道の一本北の道を左折すると、右手奥に**称名《しょうみょう》寺**がある。清和天皇の曽孫にあたり、清和源氏の祖とされる源経基（義家の曽祖父にあたる）が武蔵国介であった時の館跡といわれている。現在は時宗当麻《たいま》派の寺であり、諸国を遊行し「踊念仏」をした、時宗の開祖一遍上人（一二三九〜一二八九）の立像が入口近くに建っている。

問屋場跡・高札場・御旅所・善明寺・高安寺

　称名寺を出て南西の方向に進むと、旧甲州街道と府中街道の交差点に出る。この辺りは、江戸時代には甲州街道・

川越街道・相州街道が鍵の手状に交差する、府中宿の中心を占める場所であり、この界隈は「札の辻」「鍵屋の辻」と親しまれていた。交差点の北西の角の辺りに**問屋場**（江戸時代の宿駅・人馬・駕籠などの継ぎ替え所）があったため、大道芸人の辻芸を楽しむ人々等で賑わい、武蔵府中の中心として栄えたのである。一八五九年に府中宿本町に大火があり、それを機に一八六一年、現存の中久本店の店・蔵は防火建築物として再建された。現在二階は喫茶店になっているが、いかにも古色蒼然とした味わいのある外観である。

交差点の南西の角には**府中高札場跡**の案内板が立っている。高札場は幕府からの御法度・掟書・犯罪人の罪状・運賃などを一般庶民に通達するために板に書き示したものである（都の旧跡に指定）。高札場の案内板が立っている角地は大國魂神社の**御旅所**《おたびしょ》である。くらやみ祭（五月に行われる大國魂神社の例大祭・都指定無形民俗文化財）で

使われる御神輿が一泊する所である。角の所に朱塗りの門があり、両側に朱塗りの板塀がある。塀の僅かな隙間から中を覗くと、よく整備された芝生の広場が見えた。

府中街道を南方向に進み、次いで西方向に進むと、**善明寺**がある。天台宗の寺であるが、開山・開基とも不詳。国重要文化財「鉄造阿弥陀如来坐像」があるが今年の文化財ウィークには、コロナ禍のため、公開されないとの看板が出ていた。この坐像の胎内には鉄造阿弥陀如来立像が納められている。畠山重忠と恋仲になった恋ヶ窪（現国分寺市）の太夫が、恋仲をねたんだ虚言を信じて国分寺の姿見の池で入水自殺、これを弔うため阿弥陀如来立像が作られたという伝承がある。

善明寺を出て細い崖路を下り、ＪＲ南武線に沿った清水下小路と呼ばれる散歩道を分倍河原の方向に向かって歩くと、程なくして幅の広い、南北一直線の**下河原緑道**に出る。かつて多摩川で採取した砂利を運んだ貨物鉄道の跡である。ここを右折して坂を上ると、旧甲州街道に出る。

旧甲州街道を左折して西方向に進むと、程なくして**高安寺**に到達する。古くは見性寺《けんしょうじ》という古刹があったが、室町将軍足利尊氏が全国に安国利生の寺を建立した際、見性寺を武蔵国の安国寺として中興したのがこの高安寺なのである。曹洞宗の寺であり、道元禅師の像がある。立派な山門は、幕末に再建を始めたが、廃仏毀釈もあって長らく中断

し、完工したのは平成二年（一九九〇）であった。本堂は一八〇三年に再建され、正面には「等持院」の扁額がある。等持院とは足利尊氏の院号である。高安寺の鐘は徳川幕府から時の鐘に指定され、今でも朝、昼、夕と日に三度時を報じている。この地は、見性寺の前は藤原秀郷（田原藤太）が武蔵国守の時の館跡といわれている。秀郷は、父・平国香（常陸国の掾《じょう》）を殺された平貞盛と共に、平将門を追討し（九四〇年）鎮守府将軍となった。安国寺の本堂裏には田原藤太秀郷を祀った秀郷稲荷神社がある。源義経を匿った藤原秀衡などの奥州藤原氏は、秀郷流を名乗り秀郷の子孫とされるが、一族の佐藤継信・忠信の兄弟は源義経に付き従った。兄頼朝の怒りを買い鎌倉に入ることを許されなかった義経・弁慶主従は、京都に行く途中暫く見性寺に逗留した。秀郷稲荷神社の脇の崖下には、放免嘆願の大般若経を写経するため、硯の水を汲んだという「**弁慶硯の井戸**」がある。

　高安寺を西の通用門から出て南の方向に下り坂を進むと、程なくしてＪＲ南武線の踏切に出る。踏切を渡って右折するとすぐ分倍河原駅になる。

分倍河原の合戦跡（**新田義貞の像・分倍河原古戦場の碑**）

　分倍河原駅の前に新田義貞像がある。新田義貞（一三〇一〜一三三八）は北条執権政治が行き詰まっていたことから、一三三三年五月、執権北条高時を鎌倉に攻めるため、上野《こうづけ》・武蔵・越後の兵を率いて上野国新田庄から一路南下して来たが、十一日分倍河原に陣を敷いた北条勢の迎撃を受けて敗れ、所沢方面に逃れた。この時武蔵国分寺は新田勢のために焼失させられたという。その後三浦氏を始め多くの相模の豪族が寝返って新田勢に協力したので、十六日未明再び分倍の北条勢を急襲し、これを破って一路鎌倉を攻め、二十二日に鎌倉幕府は滅亡したのである。分倍河原駅前の**新田義貞像**（馬上で鎌倉の方を向いている）は

一九六三年に府中市が建立したものである。

分倍河原古戦場の碑は、分倍河原駅から鎌倉街道に出て南西の方向に歩き、中央自動車道を越えた南側の分梅公園の中にある。駅から一キロメートル近く南の位置である。この碑は平成十三年に東京都教育委員会によって建てられた。ふるさと府中歴史館の学芸員によれば、分倍河原古戦場の正確な位置は実はよく判っていないという。この位置からでも多摩川は約一キロメートルも離れた南を流れている。しかし多摩川は勾配が急で、古くから洪水が絶えず、「あばれ川」として知られていた。このためしばしば流路を変える川で、鎌倉時代には今より北を流れていたと考えられるので、この辺り一帯は河原といっても差支えなかったのであろう。この石碑の位置は鎌倉街道にも近く、古戦場といって、たとえ当たらずとも遠からずではないか、ということであった。ここから分梅公園を少し東に進み、近道と思われるコースをとって分倍河原駅に戻った。

武蔵府中熊野神社古墳・高倉古墳群

分倍河原駅からＪＲ南武線に乗って西隣の西府駅で降り、北方向に五〇〇メートルほど進むと、熊野神社の裏に**武蔵府中熊野神社古墳**（国の史跡）がある。七世紀中頃の飛鳥時代に築造されたもので、上が丸く下が四角い上円下方墳という、全国でも九例ほどと類例の少ない形をしている。近い所では同じ形のものが東京天文台構内にある。古代中国で、天はドームの様な半球形で、大地は四角いものと信じられていた、この天円地方という宇宙観ないし思想を背景として築造されたと考えられている。表面は白い石で綺麗に覆われている。副葬品の質も高く、被葬者は武蔵国府設置直前の東国の有力者と考えられているが、その人物名は、当時の文献や記録・古墳出土品に名前を記したものがないため判らない。隣接して**武蔵府中熊野神社古墳展示館**があり、この古墳について詳しく知ることができる。

この辺りは古多摩川により形成された河岸段丘を一段上がった立川段丘とよばれる平地・斜面であるが（この北方に国分寺崖線がある）、この近辺にこれまで確認されている古墳は二十五基におよび、**高倉古墳群**と呼ばれている。

この後西府駅に戻り、ＪＲ南武線で帰途についた。

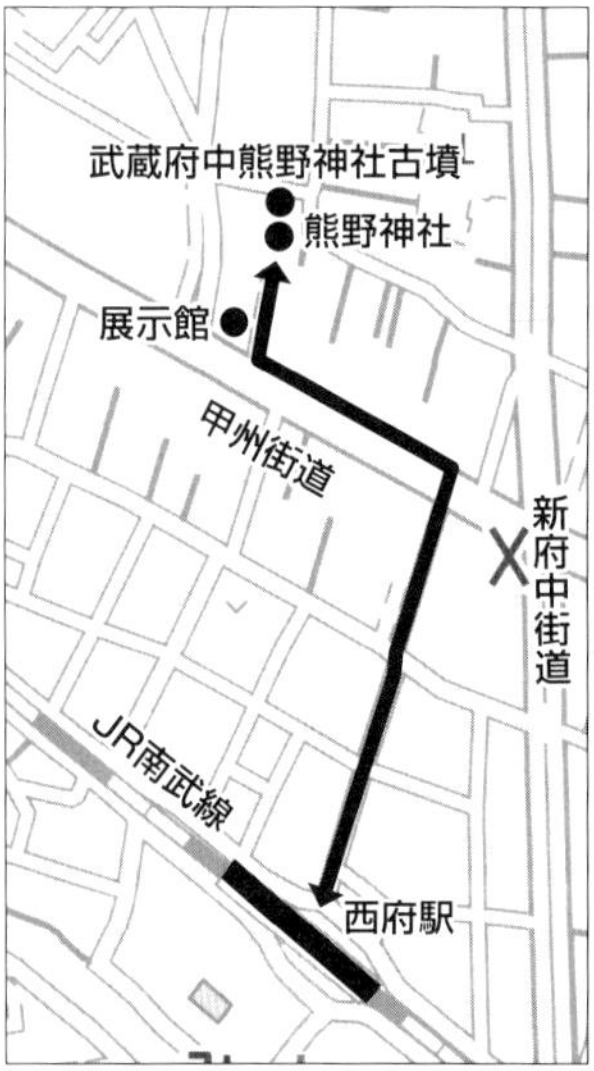

白金・白金台

2021年 2月記

今回の散策は、地下鉄白金高輪《しろかねたかなわ》駅から出発し、港区白金《しろかね》の立行寺《りゅうぎょうじ》・氷川神社・北里研究所などを経て、白金台《しろかねだい》の東京大学医科学研究所・港区立郷土歴史館・国立科学博物館付属自然教育園・東京都庭園美術館などを訪れ、ＪＲ目黒駅に至るコースである。

本稿は二〇一八年七月に行われた東京シティガイドクラブのツアーをもとに、二〇二一年二月に補足のために再訪した結果を取り纏めたものである。

立行寺《りゅうぎょうじ》・白金《しろかね》氷川神社

東京メトロ南北線および都営三田線の白金高輪駅を南口から出て、やや南にある信号で桜田通りを渡って、鋭角に北寄りに向かう道を進むと、左手に立行寺がある。江戸時代初期の旗本・大久保彦左衛門が創建した陣門流法華宗の寺である。境内には鞘堂付きの**大久保彦左衛門の墓**があることから、俗に大久保寺ともいわれる。彦左衛門は江戸時代初期に神田駿河台に屋敷を構えた二千石取りの旗本である。戦国を生き抜いた古武士の典型として、硬骨漢ぶりを発揮し、天下のご意見番を自認し、町方衆ともよく交わったというが、そうした逸話の多くは講談による脚色のようだ。中でもとくに有名な魚屋一心太助は実在の人物ではないといわれているが、彦左衛門の墓の近くに墓が設けられており、鞘堂の軒先には魚の彫り物がある。

立行寺を出て北に進み、次いで交差点を左折して西に向かう。この道は北里通りと呼ばれているようだが、程なくして左側の高台に**白金氷川神社**がある。白金の鎮守で、創建は白鳳時代（七世紀後半）と伝えられ、伝承上では港区内で最も古い神社とされる。祭神は、素戔嗚尊《すさのおのみこと》・日本武尊・櫛稲田姫尊である。日本武尊が東征した際に、暫くこの地にとどまり、日々丘にのぼり、武蔵国一宮（大宮氷川神社）を遥拝したという伝承が残っている。

北里研究所・北里研究所病院・北里大学・北里柴三郎記念館

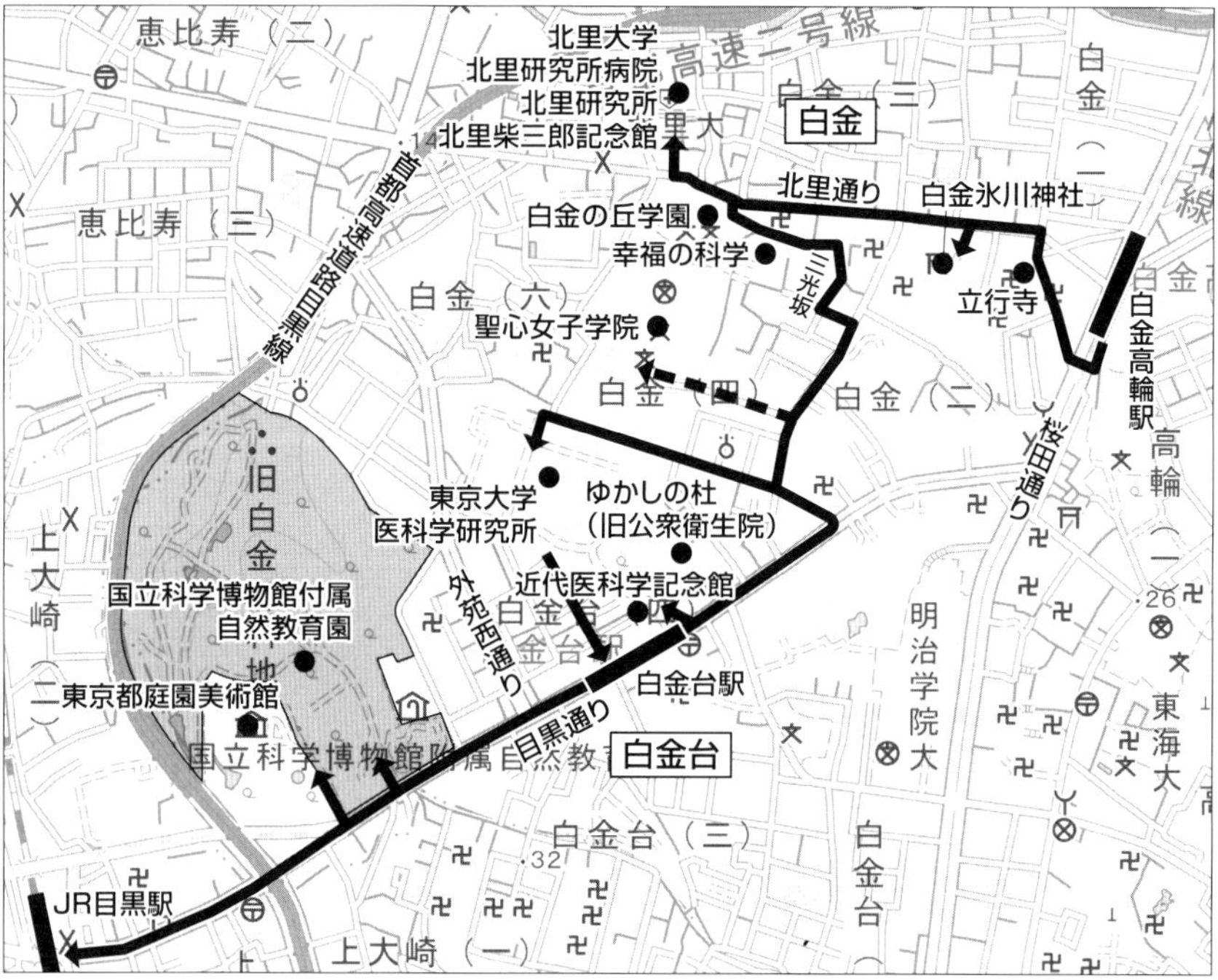

氷川神社の西隣には三光坂の上り口があり、西方向へさらに進むと、右側に、かなり高い壁面に北里研究所と書かれた高層ビルが見えてくる。**北里研究所**は、北里柴三郎が大正三年（一九一四）に創設した、わが国初の私立医学研究機関である。

北里柴三郎（一八五三〜一九三一）は、熊本県で庄屋の子として生まれ、熊本医学校（現熊本大学医学部）で学び、医学の道を志すようになった。その後東京医学校（現東京大学医学部）でドイツ医学を本格的に学び、卒業後内務省衛生局に入局した。一八八六年から六年間ドイツに留学し、細菌学研究の第一人者であったロベルト・コッホの下で細菌学者としての研鑽を積んだ。一八八九年、これまで誰もが成功できなかった破傷風菌の純粋培養に成功し、更に翌年、その毒素に対する免疫抗体を発見し、それを応用して血清療法を確立した。この一連の業績により一躍世界的研究者として名声を博したのである。

帰国後、北里は福沢諭吉の支援により明治二十五年（一八九二）に伝染病研究所を芝公園に開いたが、後に内務省所管の国立の機関となり白金台に移転した。しかし大正三年（一九一四）、政府は北里に何の相談もなく所管を文部省に移し、東京大学の付属施設にすると発表した。東大側が選ぶテーマでしか研究活動ができなくなることに激怒した北里は、研究所長を辞職し、私財を投じて白金の現在地に北里研究所を創立したのである。この時弟子の研究者だけでなく守衛をも含む全職員が北里と行動を共にしたという。大正四年に建設された八角尖塔を頂く木造二階建ての旧北里研究所本館・医学館は、現在博物館明治村（愛知県犬山市）に移築されている。

北里研究所及び北里研究所病院の前庭には**コッホ・北里神社**がある。北里はドイツ留学時代に挙げた数々の輝かしい業績を、全てコッホ博士のお陰とし、心からの尊敬と信頼を捧げた。一九一〇年コッホ博士の訃報を受け、国立伝染病研究所の一隅にコッホ祠《ほこら》を建て、北里研究所設立とともにその構内に招来した。昭和六年（一九三一）北里が逝去するとコッホ祠の傍らに北里祠を設けたが、戦災で北里祠が焼失したため、難を免れていたコッホ祠に合祀し、位置を多少移動した平成五年（一九九三）以来コッホ・北里神社と呼ぶようになったのである。

コッホ・北里神社の近くには、二〇一五年にノーベル生理学・医学賞を授賞された**大村智博士**（一九三五〜、現北里大学特別栄誉教授）から寄贈を受け、植樹した**菩提樹**がある。この樹は平成十五年（二〇〇三）白金構内整備事業の完了を記念して、大村博士より寄贈されていた。大村博士は一九五八年山梨大学を卒業後、一九六五年より北里研究所研究員として勤務し、一九六八年より北里大学薬学部助教授および教授を務めた。一九八四年再び北里研究所に転じ一九九〇年から二〇〇八年まで所長・理事長を務めた。大村博士が、所長を務めていた二〇〇一年に設立した、北里大学の付属研究所である北里生命科学研究所は、二〇二〇年に大村智記念研究所と改称し、感染症制御科学の基礎研究・創薬研究の一層の拡充を図ったところである。

北里研究所病院は大正七年（一九一八）に設置された。病院のロビーの壁面には「北里先生」のレリーフが掲げられている。**北里大学**は昭和三十二年（一九五七）に北里研究所創立五十周年記念事業で設立された。現在この敷地にあるのは、大学本部・薬学部・付属研究所であり、他の学部のキャンパスは埼玉県・神奈川県・新潟県・青森県などにある。

北里大学の付属施設として、病院の裏手にある**東洋医学総合研究所**は平成四年（一九九二）に設立された。東洋医学資料展示室には、約二千二百年前の中国（前漢の時代）から現代に至る漢方の道具類や古医書・巻物類など、漢方医学に関する貴重な資料が展示されている。また、日本における漢方医学の発展の歴史についての何枚かのパネルと、漢方医学の発展に尽くした十数人の学者の業績が顔写真入りで紹介されている。知らない人ばかりが並んでいたが、その中に、明治時代に殆ど廃れかけていた漢方の有用性についての書物を著し、漢方の復興に尽力したという和田啓十郎の名前と顔写真を見つけたときは、私は思わずにんまりとした。少し前に日本橋人形町の付近を歩いた時に、赤貧の中で私財をなげうって漢方医学を研究し、復興に尽くしたという顕彰碑を見て、この分野の研究者として私が知っていた唯一の学者だったからである。東洋医学総合研究所の漢方鍼灸治療センターでは、漢方医療の専門家であると同時に、専門領域を中心に西洋医学の研鑽も積んでいる医師が、高い診療技術を有する鍼灸師および豊富な生薬《しょうやく》・漢方薬の知識を有する薬剤師と連携して、個々の患者に最も適合する漢方薬・鍼灸治療を提供しているということである。

北里柴三郎記念館は、昭和三十九年（一九六四）、北里研究所創立五十周年記念事業の一環として、研究所本館一階に設置され、二〇一七年の研究所の建て替えに伴い新装開館された。記念館の入口には、明治村に移築された旧北里研究所本館・医学館の模型とともに、ペスト菌発見（一八九四年）の功績で贈られた胸像が陳列されている。

北里柴三郎記念館では、明治・大正時代、医学・医療衛生行政の中枢で活躍していた北里の偉業をたたえ、学術研究論文や公的活動に関連した資料などのほか、生い立ち、恩師・恩人、門下生等関係者の資料などが展示されており、さらに、資料検索・閲覧コーナーも設けられている。破傷風菌の純粋培養に成功した装置も再現・展示されている。資料館の一隅には大村智博士の記念展示もある。なお、玄関脇の壁面に大きく書かれた「北里柴三郎記念館」の文字は、大村智氏の筆による。

財務省は二〇一九年四月、千円・五千円・一万円の紙幣（日本銀行券）を二〇二四年度上半期に一新すると発表した。このうち千円札の表の図柄は北里柴三郎の肖像画が選定されている。

白金から白金台へ

北里研究所を後に、来た道を少し東に戻ると、高級マンションを思わせるモダンなビルがある。実は近隣の幾つかの小中学校を統合して設立された**白金の丘学園**という港区立の小・中学校だと聞いて驚かされた。小中一貫教育校とされ、中学生は七～九年生と呼ばれているようだ。その角を右折してジグザグに坂を上っていく。坂の中腹に大きないかめしい建物があり、**宗教法人幸福の科学大悟館**という立派な看板が掛かっている。ここは幸福の科学総裁・大川隆法氏夫妻らが、事実上の住まいとしているともいわれているようだ。ツアーの一行の誰かが写真を撮ったところ、中から眼鏡を掛けた一見サラリーマン風の若い男が飛び出してきて、「写真は撮らないでください」といわれていた。その場は、「分かりました、もう撮りません」と答えてそれ以上は何事もなかったようだった。中から防犯カメラでじっと見ていたのだろうか。今回行った時は自分でも写真を撮ったところ若い男が出てきて、撮った写真を消してくれと執拗に迫られた。ネットにアップされて迷惑を被ったことがあるのだという。全くの私的な建物というわけではないし、写真を撮らないで下さいという看板が出ていたわけでもないので、法的な意味で消さなければいけないものなのか釈然としなかったが、無用なトラブルを避けるため止むを得ず消したのである。帰宅してからネットで検索したら、写真を何枚も掲載し、幸福の科学についてかなり詳しく書いてあった。その記事に反応したものと思われる。

ジグザグに坂を上り切ったところでぶつかるのが、氷川神社の脇に上り口があった三光坂の上であった。この道を右折して少し進んで行くと、右側の角には**聖心女子学院**という看板の掛かったコンクリートの柱がある。この道を右折して少し進んで行くと、正門に達するようだ。聖心女子学院は、初等科・中等科・高等科にわたって四・四・四制をとる、女子の名門一貫校として有名である。しかしこの道は公道ではないようだ。入口近くにポリスボックスみたいな小屋が建っており、近くにガードマンが立っていて、とても部外者がそれ以上入って行けるような雰囲気ではなかった。少し直進し、次に右折してさらに進んで行くと、東京大学医科学研究所の裏口に到達する。前回はそこから構内に入った。今回は、近くまでは行ったがとても入れそうな様子ではなかったので、目黒通りまで大きく迂回した。この辺りまでが白金で、ここより目黒通り寄りが白金台である。

東京大学医科学研究所

東京大学医科学研究所の前身は、北里柴三郎が設立した伝染病研究所であったが、大正三年に文部省の所管となると同時に北里が去り、大正五年以後東京大学付属伝染病研究所となった。第二次大戦後抗生物質と衛生状態の改善により伝染病研究の重要性が薄れてきたため、昭和四十二年に医科学研究所として再発足し、附属病院と相俟って、最先端の生命科学・医療の研究を行う機関となって現在に至っている。裏口から研究所、附属病院の古めかしい建物を辿って正門の近くに来ると、**近代医科学記念館**のひと際モダンな建物が目に入る。伝染病研究所時代の貴重な歴史的資料を保存するとともに、近代における伝染病研究の推移や、今後の医科学研究の展望ができるような資料やパネルが展示されている。医科学研究の今日までの推移について、広く一般の理解を深めるために設置されたものである。展示物の中には、野口英世博士から送られてきた年賀状や、ロベルト・コッホ博士からの手紙もある。馬を使って破傷風の血清を培養している様子を再現した模型がある。記念館の建物の外観は、伝染病研究所時代の厩舎を模して赤いレンガ風の建物になっている。それは、血清を造るための研究に使われた馬を供養する意味がある。記念館を出ると、目黒通りに面した正門から医科学研究所を後にした。

今年二月に訪れた時は、コロナ禍による緊急事態宣言のため、案の定、東京大学医科学研究所は、関係者以外は立入り禁止になっていた。

ゆかしの杜（旧公衆衛生院、現在は港区立郷土歴史館等の複合施設）

目黒通りに出て西に進んで行くと、**ゆかしの杜**の入口に達する。

旧公衆衛生院の建物は、昭和十三年（一九三八）、米国ロックフェラー財団の支援・寄付のもと、国民の保健衛生に関する調査研究及び公衆衛生の普及活動を目的に国が設立した機関、「公衆衛生院」のために建設された。設計者は、隣接の東京大学医科学研究所旧館や東京大学本郷キャンパスの安田講堂等を設計した東京大学建築学科教授・内田祥三である。平成十四年（二〇〇二）国立保健医療科学院として統廃合され、埼玉県和光市へ移転するまで使用されていた。

平成二十一年（二〇〇九）港区がこの建物と敷地を取得し、郷土歴史館を中心とした複合施設として改修を実施した。歴史的建造物である意匠等を保存しながら、耐震補強やバリアフリー等の改修工事を行い、平成三十年（二〇一八）、ゆかしの杜として開館したのである。前回歩いた時はこの施設の開館前であったので、中央のタワー部分の螺旋階段や廊下の一部に立ち入っただけであった。

港区立郷土歴史館は、このように歴史的建造物を活用し、港区の自然・歴史・文化を深く知り、交流する拠点として開館したものである。常設展は、海とひとのダイナミズム・都市と文化のひろがり・ひとの移動とくらし、という三つのテーマに分けて展示されている。また企画展は、この日は、「匠の世界」と題して、港区内に在住していた、中基瑞真（一九一二～二〇〇二、木工芸家・重要無形文化財「木工芸」保持者・人間国宝・港区名誉区民）および服部雅永（一九一八～二〇〇五、彫金師・港区指定無形文化財保持者）の作品が展示されていた。

ゆかしの杜を出ると、隣接して東京大学医科学研究所の正門があり、また、目黒通りの反対側には、南北線と三田線の白金台駅の入口がある。

国立科学博物館付属自然教育園

目黒通りをＪＲ目黒駅に向かって西方向に進み、プラチナ通りともいわれる外苑西通りを越えると、**国立科学博物**

館付属自然教育園がある。約二〇万平方メートルの広大な敷地内には、自然の地形のままの台地や湧水地・湿地などが保たれている。園内より貝塚や縄文土器が発見されたことで、有史以前からこの地に人が住んでいたことが確認されている。室町時代にはこの地に白金長者と呼ばれる豪族が館を構えていたことが伝えられており、その名残の土塁が園内にみられる。江戸時代には高松藩主松平頼重（水戸藩主徳川光圀の実兄）の下屋敷として用いられた。園内に「物語の松」「おろちの松」などの巨大な老木があるが、当時の庭園の名残と思われる。

明治時代には陸海軍の火薬庫として使用されて一般人の立入りが禁止され、大正時代に軍から宮内省に所管が移されて白金御料地となった。このようなことから、この地は開発から免れ、あまり人の手が入らない状態が長く保たれたので、人口密集地となる以前の東京都区内の自然の姿を窺い知る貴重な場所となっているのである。戦後、所管が文部省に移され、昭和二十五年（一九五〇）に全域が「旧白金御料地」として天然記念物および史跡に指定され、「国立自然教育園」として一般公開された。昭和三十七年（一九六二）に国立科学博物館付属自然教育園となり現在に至っている。

東京都庭園美術館

東京都庭園美術館は、自然教育園の西南の一角にある。昭和八年（一九三三）に建てられた旧朝香宮邸は、戦後一時期吉田茂外務大臣の公邸として使われた。その後、西武鉄道に払い下げられて昭和三十年より白金プリンス迎賓館が開業し、国賓・公賓来日の際の迎賓館として昭和四十九年（一九七四）まで使用された。しかし、高層ホテルの建設計画が発表されると反対運動が起こったため、昭和五十六年（一九八一）に東京都が買収し、昭和五十八年（一九八三）に東京都庭園美術館が一般公開されるに至ったのである。

旧朝香宮邸は二十世紀初頭のアール・デコ様式を今日に伝える貴重な建築物である。邸宅の前庭は朝香宮邸時代から引き継がれている芝生で覆われた開放感のあるエリアであり、日本庭園は築山と池を備え、起伏に富んだ景観となっている。

東京都庭園美術館を出て目黒通りを西に進み、首都高速目黒線を潜って、ＪＲ目黒駅に至った。

荻窪界隈

2021年 5月記

今回のコースは、四月上旬の晴れた一日、荻窪界隈を歩くものであった。前半は、荻窪駅からJR中央線の南側の、荻窪四・三・二丁目・南荻窪四丁目にかけて、閑静な住宅地を歩き、近代の著名人の旧居跡に残された庭園・公園や歴史的建造物などを訪ねるものであった。後半は、中央線の北側に回り、天沼三・二・一丁目にかけて、先ず、井伏鱒二・太宰治その他昭和の文人たちの足跡を辿った。次に、古くからある賑やかな商店街や、地域の中心的な役割を果たしてきた神社仏閣等を訪ね、最後は阿佐ヶ谷駅まで歩いた。

杉並区観光センター・長屋門・西郊ロッヂング・オーロラの碑・読書の森公園・かつら文庫・大田黒公園・角川庭園・荻外荘《てきがいそう》公園・与謝野公園

JR中央線荻窪駅の北口から線路沿いに新宿の方向に歩くと、駅の南側につながる地下道の入口がある。道はそこで左に曲がり、右側にインテグラルタワーという高層ビルがある。そのビルの二階が荻窪区民事務所であり、その中の**杉並区観光センター**で、杉並区役所都市整備部みどり公園課作成の「杉並景観歩くマップ」をもらい、担当係員からその日のコースと見どころについてアドバイスを受けた。事前に電話をして大筋を聞いていたので、効率よく短時間で的確な教示を受けることができた。

地下道を通って中央線の南側に出ると荻窪四丁目である。少し直進して左折すると左側に大きな**長屋門**がある。この地域の名主を務めていた名家の屋敷の門であった。明治天皇がこの門を通って中の休息所に入られたことを記念して、門の前に明治天皇荻窪御小休所と書かれた石碑が建っている。更に古くは、徳川十一代将軍家斉が鷹狩りのための休息所とするために、本来なら武家だけに許される長屋門を造らせたとのことだ。そのまま進んで行くと右側の角地に、壁の上面の右から横に「**西郊ロッヂング**」と書かれた二階建てのビルがある。昭和初期に賄い付き高級下宿として建てられた建物である。古い建物であるにもか

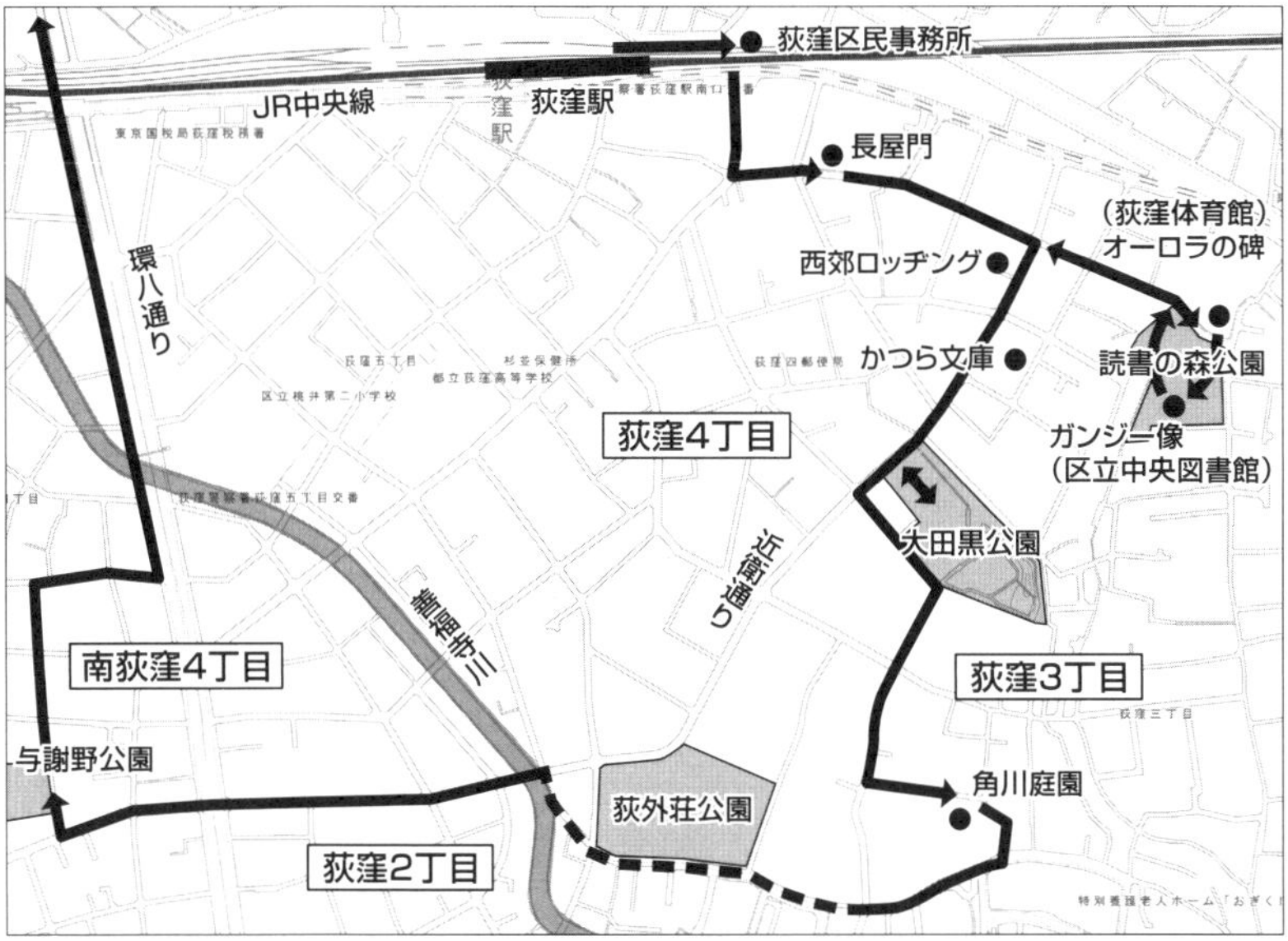

かわらず、見た目にモダンな感じすらする不思議な建物で、杉並「まち」デザイン賞に輝き、国の登録有形文化財ともされている。今でも日観連加盟の割烹旅館として営業しているようだ。

そのまま直進すると左側に荻窪体育館があり、その敷地の東南の角に**オーロラの碑**がある。オーロラの一部を切り取ったような形をしているこの碑は、かつてここにあった区立公民館から原水爆禁止運動が発祥したことを記念して建てられたものである。道はここで突き当たりになっており、右折すると区立中央図書館がある。その手前の緑地を右折して進んで行くと図書館の裏手はちょっとした森になっており、木立の間に**ガンジー像**が建っている。隣接して木陰で本が読めるという**読書の森公園**がある。池や四阿《あずまや》もある園内を歩いて別の門から出ると、荻窪体育館の対面であった。

西郊ロッヂングの角まで戻り左折すると程なくして、**かつら文庫**がある。石井桃子（一九〇七～二〇〇八、児童文学作家、翻訳家）が地域の子供たちのために始めた図書室である。さらに南に進むと、杉並区立**大田黒公園**がある。大田黒公園は、大田黒元雄（一八九三～一九七九、音楽評論家）の屋敷跡であるが、その前にこの地には元雄の父・大田黒重次郎（一八六六～一九四四、芝浦製作所・現東芝の経営を立て直し、各地の電力会社の前身となった水力発電会社の設立に参画した実業家）が、昭和八年から居住したのである。この屋敷跡を元雄の没後杉並区が購入し、日本庭園として整備して、昭和五十六年（一九八一）に開園したものである。

公園の面積は八九七二平方メートル、園内には樹齢百年を超えるイチョウ並木を始め、ケヤキ・クロマツ・アカマツ・シイノキなどの巨木が鬱蒼と茂っている。裏庭の一つのコーナーには、桜の木が林立し、八重桜が満開だった。庭に造られた池には大きな錦鯉が泳いでおり、小学生くらいの男の子が二人で餌をやっていた。そこに鴨が一羽交ざって餌のおこぼれにあずかっていた。また、数寄屋造りの茶室、民家の土間を思わせるような休憩室、氏の仕事場であったベンガラ色の記念館が保存されている。記念館は昭和八年に建築された西洋風の建築物で、室内には生前愛用されていたスタインウェイ社製のピアノや蓄音機などが残されている。記念館と園内の蔵は、登録有形文化財である。

大田黒公園を出て元来た道をそのまま進み、信号のあるブロックの角を左折して道なりに南に進み、二つ目の角を左折すると、程なくして右側に**角川庭園**がある。角川源義《げんよし》（一九一七〜一九七五、角川書店の創設者・俳人・国文学者）の旧邸宅を活かした庭園である。旧邸宅は幻戯山房《げんぎさんぼう》と呼ばれ、国の登録有形文化財である。表の看板には「すぎなみ詩歌館」とも書かれており、句会や歌会に使われているようだ。訪れた時にも何かの会に使われていたため、一部オフリミットになっていたが、庭から会合の様子が見えたのでそこには近寄らないようにした。

角川庭園を出て、南に向かい、シャレール荻窪という一大マンション群を左手に見ながら西に向かい、小川を暗渠にした歩行者用道路をさらに進むと、**荻外荘公園**《てきがいそう》という広い芝生の公園がある。中に入って奥の崖下まで進むと、**「国史跡・荻外荘（近衛文麿旧宅）」**と書かれた石碑と大きな案内板があり、金網で仕切られた崖の上に荻外荘という大邸宅が建っている。荻外荘は、昭和二年に大正天皇の侍医を勤めた医師の入澤達吉が建てた邸宅であったが、昭和十二年に近衛文麿が譲り受け、その後、西園寺公望が「荻外荘」と命名した。近衛は、ここで政治会談や第二次・第三次近衛内閣の組閣を行うなど、近衛の主要な政治の場となった。戦後、昭和二十年（一九四五）十二月、近衛は邸内の書斎で自決したのである。昭和二十八年には、昭和期の政治の転換点となる重要な会議が行われた場所として、国の史跡に指定された。現在、建物部分は非公開とされており、文化財として適切な復元整備と活用に向けた検討が進められているところである。

荻外荘公園を出て歩行者用通路を西に進むと善福寺川の川沿いに至り、直ちに大田黒公園の前から来る通りに出る。この通りは荻外荘の正門に接しており、近衛通りと呼ばれている。ここで善福寺川を渡って西に進み、さらに環八通りを渡って南荻窪に入り、二つ目の角を右折するとすぐ近くに与謝野公園がある。

与謝野公園は与謝野鉄幹（一八七三～一九三五、歌人）・晶子（一八七八～一九四二、歌人・作家・思想家）夫妻の旧居跡を公園として整備したものである。与謝野夫妻は一九二七年に千代田区からこの地に移り、二人の終焉の地ともなった。約五百坪の敷地は、木が植えられ当時は林のように鬱蒼と生い茂っていたようだが、夫妻が没した後、家には様々な人が住み、一九八〇年頃杉並区が購入した際には更地にされて、南荻窪中央公園として供用されるに至った。与謝野夫妻の旧居跡であることが次第に忘れられてきたことに危機感を覚えた地元商店会の熱心な要望を踏まえ、二〇一二年に、杉並区は公園をゆかりの土地として整備し、「与謝野公園」と改名した。当時の建物や樹木は無いが、区は藤棚や井戸を造り、二人が好んだ樹木を植えた。また、庭の随所に夫妻の短歌が記された十四基の歌碑が設置されている。与謝野公園を後に、暫く南荻窪の閑静な住宅地を歩いたのち、善福寺川を再度渡って環八通りをさらに北に進み、ＪＲ中央線の下を潜って、ＪＲの北側の上荻に入った。

光明院・四面道・井伏鱒二旧居跡・碧雲荘跡（太宰治下宿）・天沼教会・東京衛生病院・教会通り商店街・荻窪駅の「荻」・天沼八幡神社・天沼弁天池公園・郷土博物館分館・もえぎ公園・桃園川遊歩道

環八通りとＪＲ中央線との北西の角地にあるのが**光明院**である。光明院は真言宗豊山派の寺であり、通称「荻寺」と呼ばれ、荻窪という地名もその名に由来するといわれて

いる。縁起によれば、和銅元年（七〇八）行基作の仏像を背負った遊行僧が、この地を通りかかったところ急に仏像が重くなり、荻の草堂を作って仏像を安置したのが開創と伝えられる。本尊の千手観音は南北朝期の作であるが、観音堂は現在全面的に改装中のため、拝観することは出来なかった。俗に「荻窪の観音様」の名で近在の人々に親しまれ、信仰を集めてきたようだ。

光明院を出て環八通りを北上し四〇〇メートル程歩くと、青梅街道との交差点が**四面道**である。今では立体交差になっていて、交通量の多い環八通りが下、青梅街道が上になっている。四面道の交差点の北東の一角は、現在は清水一丁目であるが、その十七番一号が**井伏鱒二**（一八九八～一九九三、小説家、文化勲章受章者）**旧居跡**である。今は普通の民家なので案内板などはない。中退した早稲田大学の近辺の下宿屋を転々としていた井伏が、荻窪の地に移って来たのは昭和二年（一九二七）のことであり、この地に家を建てたのは、翌昭和三年であった。それ以来亡くなった平成五年までの六十六年間にわたってこの地に住んでいたのである。井伏は昭和四年（一九二九）の『山椒魚』等で文壇に登場、昭和十二年（一九三七）の『ジョン万次郎漂流記』で直木賞を受賞し、その後も多数の文学賞を受賞した。

井伏は『荻窪風土記』（新潮文庫、昭和六十二年）という自伝風の随筆集を刊行した。昭和の初期からの荻窪界隈の変遷がよく描かれている。この本によれば、以前は草深い田舎だった荻窪界隈を始めとする中央線の沿線は、関東大震災を契機とする東京市の郊外拡大を受けて、急速に開発が進んだ。井伏は、阿佐ヶ谷から荻窪にかけて土地を物色して廻り、当時井荻村といわれていたこの地の麦畑で耕作していた男から、畑の一角を少し借りて家を建てることにしたのである。ところが請け負った大工に騙されていろいろ苦労を重ねたが、文学を志すことを後押ししてくれていた広島県の実家の兄からの仕送りを受けて何とか切り抜けたようだ。

阿佐ヶ谷から荻窪にかけては、当時はまだ家賃が安かったので、多くの貧乏文学青年・詩人たちが移り住んできた。井伏は、これらの文士たちの集まりである「阿佐ヶ谷将棋会」の中心人物として、こうした文士たちと将棋や文芸懇話を楽しみつつ酒を酌み交わしていたのである。阿佐ヶ谷将棋会は、阿佐ヶ谷駅前の「ピノチオ」という中華料理店で例会を開いていた。井伏は、ほかにも釣り・絵画・陶芸などの多彩な趣味を通じて、文芸関係者だけでなく、地元の商店主等とも交際を深めていた。『荻窪風土記』には太宰治・伊馬治部・徳川夢声・横光利一・上林暁・古谷綱武・亀井勝一郎・小林多喜二・中島健三などの名もみえる。

井伏鱒二の旧居跡から閑静な住宅地を東に進み、突当りの道を右折して日大二高通りに出て信号を渡ると、通りの南側は天沼三丁目である。この通りを少し東に進むと、移転した荻窪税務署の跡地の一帯は、現在老人福祉施設を始めとする杉並区の複合施設が建設中である。ここに太宰治が一時住んでいた**碧雲荘**というアパートがあった。井伏に私淑していた太宰は、井伏宅から歩いて数分のところの下宿を転々としていたようだが、そのうちの一つがこの碧雲荘だったのである。太宰がこの辺りに住んでいた頃、ふたりは四面道で待ち合わせをして「ピノチオ」に通ったこともあったようだ。後に太宰が石原美知子と結婚した時には、井伏は仲人を務め、太宰が山崎富栄と玉川上水に入水した時には、井伏は葬儀副委員長になった。

碧雲荘は太宰治の短編小説『富嶽百景』に「天沼のアパート」として登場し、二階から眺めた富士山の描写がある。太宰が碧雲荘に住んでいたのは昭和十一年十一月から十二年六月までであった。その間の十二年三月、最初の妻小山初代と水上温泉に行き、カルチモン自殺を図ったが未遂に終り、帰郷後初代と別れ、太宰は天沼一丁目に転居したのである。解体された碧雲荘の建物は、大分県湯布院町に移築され、「ゆふいん文学の森」として公開されている。

碧雲荘跡から先の信号まで戻り、荻窪駅を目指して南の方向に進むと、**セブンスデー・アドベンチスト天沼教会**がある。アメリカのセブンスデー・アドベンチストというキリスト教のミッションが、日本での伝道の拠点として大正六年（一九一七）に建てたものである。『荻窪風土記』にはこの教会は「天沼キリスト教会」として登場する。同じ構内にある**東京衛生アドベンチスト病院**の設立は昭和四年（一九二九）である。井伏が亡くなったのは東京衛生病院であり、葬儀はこの教会で行われた。

東京衛生病院から荻窪駅に向かう道は、**教会通り**と呼ばれる、曲がりくねった狭い道で、昭和の雰囲気も残る情緒ある繁華な商店街である。午後一時をだいぶ回っていたが、一軒のラーメン屋は店の外に人が並んでいた。次に空席のある店に入ったが、ひっきりなしに客はあり、他の席もすぐに埋まった。コッテリかアッサリか油の量を選べるのがよかった。アッサリの中にも適度なコクもあり、麵の硬さもほどよく、名物といわれるだけあって美味しかった。荻窪はラーメンの激戦区として有名だが、グルメ案内によればカレーの激戦区でもあるようだ。

教会通りをさらに進み青梅街道に出ると、荻窪駅前である。駅前の東のはずれには、荻窪の地名の由来となった「**荻**」の植込みがある。オギは、河川敷などの湿地帯に群生する、ススキに似た大型の多年草で、成長すると二メートル程まで伸びる。観光案内地図の裏には、中央線の快速電車を背景に、そのような写真が掲載されている。しかし私が訪れた時には、せいぜい五〇センチメートルほどの苗がパラパラッと生えているだけだった。一時群生していたオギが枯れて、次が育つまでの端境期でもあったのだろうか。

荻窪北口商店街のアーケードを通り抜けて、再び青梅街道に出て、その商店街を東に向かって進むと、一九八〇年代に始まった「荻窪ラーメン」ブームの立役者といわれる老舗の**春木屋**がある。ここは後日訪れたときに入った。次に荻窪駅前入口の信号を渡って北方向に進む道は、八幡通りといって、今は普通の商店街であるが、かつては天沼八幡神社の門前町として栄えていた。**天沼八幡神社**は旧天沼村の鎮守で、天正年間（一五七三～一五九一）の創建と伝えられる。境内摂社として大鳥神社があり、商売繁盛の神社として、毎年十一月の酉の日には熊手市がたつそうだ。

神社から北西の方向に二、三分歩くと**天沼弁天池公園**という大型の児童公園がある。この地も元々は天沼八幡神社の境内で、ここにかつて天沼弁天池と呼ばれる湧水池があった。池の中央には弁財天を祀った島があり、大正時代までは雨乞いの行事も行われていたようだ。この池が「天沼」の地名になったともいわれている。しかしその後、付近の宅地化とともに池の湧水は枯渇し、弁財天は神社の敷地に移され、土地の所有も転々としたが、二〇〇七年に杉並区が買収し、児童公園が造られたのである。公園の一角にある池は公園造成に当たって新たに造ったもので、昔あったといわれる池とは全くの別物である。公園の一角には**杉並区立郷土博物館分館**がある。主として企画展や区民参加型展示が行われるようである。そこで「新版・荻窪の記憶」という小冊子をもらった。荻窪の歴史やかつて居住していた各界の名士たちのことも書かれている。

天沼弁天池公園を出て一、二分南の方向に進むと**天沼もえぎ公園**がある。この「ときのオアシス」と呼ばれる「時」をテーマとした休憩所は、近隣の住民と杉並区との協議の結果造られたものであるようだ。広島に原爆が投下された八時十五分を指す時計を配した「時の門」・地中に埋め込んだ鏡を貼られた筒を覗くと、差し込む太陽光が反射して地中にカーテンウォールが広がるような光景が作り出される「地界の天庭」・タイムカプセルが埋め込まれている「日時計」が配置されている。すぐ隣には幼少年が自然を観察するための「自然生態園」もある。

桃園川遊歩道・天沼熊野神社・日大二高イチョウ並木・石仏・上林暁旧居跡・横光利一旧居跡・法仙庵・ピノチオ跡

天沼もえぎ公園からは、レンガ敷きの**桃園川遊歩道**を辿って東に向かって歩いた。天沼八幡神社の旧参道を越えると、まだ営業を続けている風呂屋の煙突があり、程なくして北に折れると**天沼熊野神社**がある。旧天沼村の鎮守であった。この神社の創建には諸説があるようだが、一三三三年新田義貞が鎌倉に向かう途中、この地に陣を敷き、社殿を創建したとも伝えられている。境内には直径二メートルにも及ぶ幹を持つ大杉の切株が保存されている。新田義貞がこの地を訪れた際、戦勝を祈願して手植えした杉と伝えられている。

熊野神社の東縁に沿って北に進むと**日大二高**と付属中学のキャンパスがある。手前を右に曲がって、グラウンドで高校生がサッカーをやっているのを横目で見ながら進むと正門がある。正門はコロナ下で部外者には固く閉ざされていたが、かなり奥の校舎に至るまで、立派な**イチョウ並木**が続いており、新緑の若葉のとんがり帽子の列に、いかにも清々しい印象を受けた。ここから右折して南の方向に進むと、道路脇に三基の立派な**石仏**がある。いずれも江戸時代に造られた、庚申塔・地蔵塔・観音供養塔である。天沼村の村民が現世での幸運と来世での安楽を願って造立したもので、当時の人々の信仰心の一端を伝えている、との説明が案内板に書かれている。これらの石造物は、近くの路傍にあったものが、地域の区画整理の際に集められたということである。この辺りに**上林暁旧居跡**があったはずである。

再び桃園川遊歩道に戻り東に向かって進むと、天沼を離れ阿佐ヶ谷北になる。この辺りには**横光利一旧居跡**があったはずだが、案内板があるわけではなく、場所を特定することが出来そうもなかったので遊歩道をそのまま進んだ。やがて南北に走る松山通りを右折して南方向に進み、江戸時代末期に共同墓地を管理するために造られたという**法仙庵**の横を通り、中杉通りに出る。中杉通りを南に進むと、阿佐ヶ谷駅前近くに西友がある。この場所に先述した井伏鱒二らの阿佐ヶ谷将棋会が例会を開いていた中華料理店「**ピノチオ**」があったのである。

以上で荻窪界隈の散策を終えて、阿佐ヶ谷駅から帰宅の途に就いた。

北品川・高輪・東五反田・上大崎

城南五山と長者丸の高級住宅地を巡る

2021年 8月記

品川区及び港区の山手線内側の高台のうち、かつて大名屋敷や大名出身者の邸宅があった地域は、城南五山と呼ばれ、現在は高級住宅地として開発されている。訪れた順に、御殿山（品川区北品川三〜六丁目）・八ツ山（港区高輪三・四丁目）・島津山（品川区東五反田一・三丁目）・池田山（品川区東五反田四・五丁目）・花房山（品川区上大崎三丁目）である。これら城南五山は、地形的には武蔵野台地の東縁に位置し、地盤が強固で水害や地盤沈下が少なく、地震が発生しても比較的安全性が高い特性を備えていることから、江戸時代には由緒ある大名が武家屋敷を構えていた。明治維新後は、これらの大名屋敷の広大な敷地は、華族・財閥・実業家の邸宅の他、大学・大学病院・役所などの施設に引き継がれてきた。

長者丸（品川区上大崎二丁目）は、ＪＲ山手線目黒・恵比寿間の東側で高速目黒線に挟まれ、北は恵比寿ガーデンプレイスに、南は目黒通りに隣接した地域である。室町時代の初めに白金に移住し、白金長者と呼ばれるようになった一族の子孫が、江戸時代に名主となって白金台に移って行った後、旧居跡を字長者丸と呼ぶようになった。そこが明治・大正期に高級住宅地として開発されたのである。

この城南五山及び長者丸は、概ね大正から昭和にかけて、宅地化が急速に進められる中、由緒ある高級住宅地としての人気を確立してきた。ただしこれらの地域名は、いずれも住居表示には残っていない。

このコースは何年か前に参加した東京シティガイドクラブの何回かのツアーを参考に、専ら高級住宅地を巡る観点から城南五山と長者丸とを抜き出して、今年の梅雨の合間の、かつ、緊急事態宣言の合間を縫って再度歩き、編集しなおしたものである。

品川神社

京急本線新馬場駅から第一京浜に出ると、目の前に**品川神社**がある。北品川の総鎮守である。起源は古く、源頼朝が創建し、太田道灌・徳川家康などこの地の歴代の統治者の庇護を受けてきた。先ず目につくのは大鳥居である。その左右の石柱には見事な龍の彫刻が施されている。向かって右が上り龍、左が下り龍である。長い急な石段を上って行くと、中腹辺りに富士塚の入口がある。都内最大の富士塚だという。富士山の溶岩で造られた山を上ると、品川の海岸方面が一望のもとに見渡せる。山の反対側に下ると品川神社の境内である。社殿の裏側には板垣退助の墓がある。ここは、元は江戸時代の代表的な名刹で広大な敷地を擁していた東海寺の塔頭の一つ、高源院の墓域であったが、関東大震災の後高源院が世田谷区烏山に移転した際に、遺族の強い希望でこの地に残ったという。

御殿山（品川区北品川三〜六丁目）

品川神社を出て第一京浜を北に進み、最初の角を左に入ると、すぐに○○御殿山という立派なマンションが目に入った。辺り一帯は北品川三丁目で、御殿山の麓なのである。この道の突当りの坂を上ると**権現山公園**がある。この地は、元々は東海寺の境内で、御殿山とは地続きの山であったが、東海道本線の建造のため山は切通しとされた。公園から金網越しの眼下に、東海道本線や新幹線が走っているのが見え、線路の向こうにはこんもりとした御殿山の樹々が見える。

御殿山の名前は、三代将軍家光が品川をしばしば訪れ、この地に御殿があったことに由来するといわれている。御殿は元禄年間に焼失し、再建されなかった。その後は桜の名所として庶民に親しまれてきた。一部は松江藩松平家の下屋敷となったが、ペリー来航後風雲急を告げた江戸湾海防強化のため、鳥取藩池田家に下賜され、御殿山下お台場御固役のための陣屋並びに軍事調練場となった。御殿山自

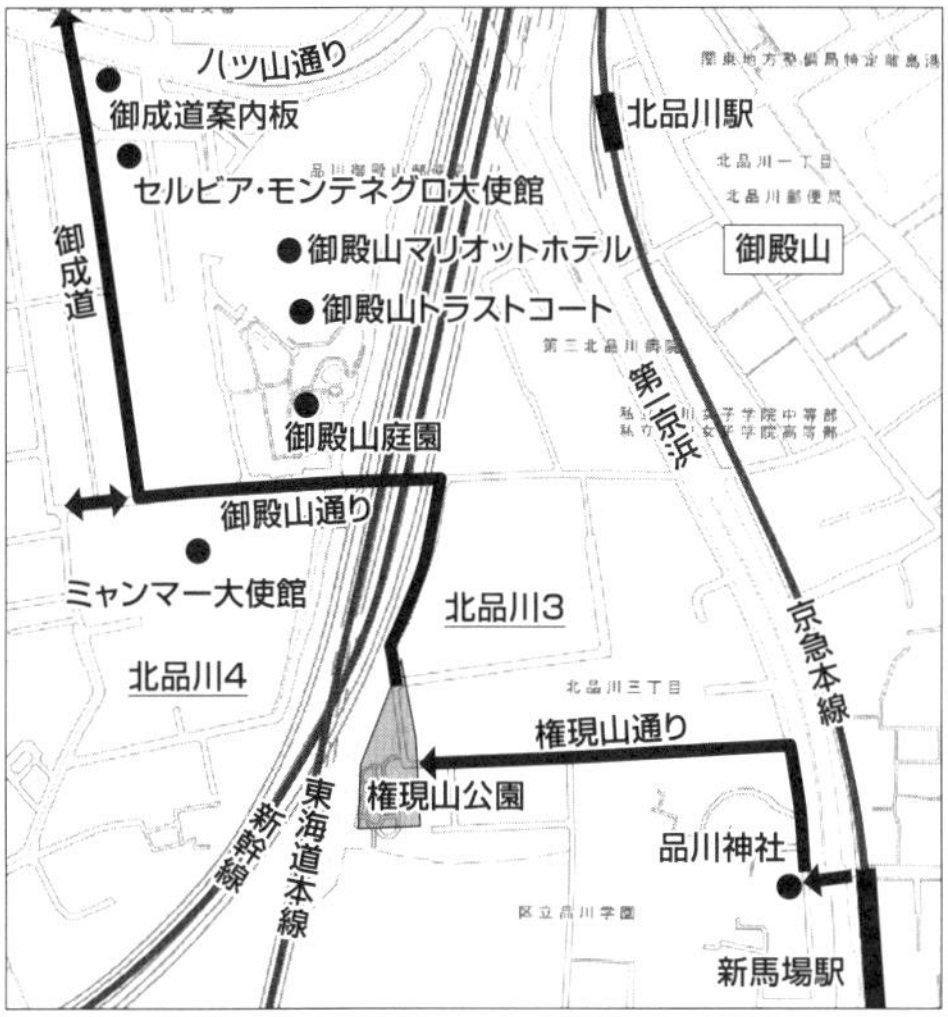

体はお台場建造のための土取り場となった。その後英国公使館が建設され、完成前に長州藩士尊王攘夷派に焼き討ちされた。その正確な位置は判然としないが、東海道本線敷設のために開削されてしまった辺りかと思われている。

東海道本線を跨ぐ陸橋を渡ると、正面に立派な桜並木の御殿山通りが見える。橋の右側のたもとは深くえぐられ、大掛かりな滝もある石組みの池になっている。そこは土取り場の跡だったのである。橋のたもとにある大看板によれば、池と線路際との間の通路を北に進むと、**御殿山マリオットホテル**と、ホテルに接続した**御殿山トラストコート**（住宅部分）に行けるようだ。森の向こうに見える高層ビルがそれと思われる。

御殿山通りを進んで行くと、右側には**御殿山庭園**と呼ばれる森がある。始めに見た石組みの池もこの庭園の一部だと思われる。左側に**ミャンマー大使館**がある。そのまま少し直進して左右の道を見ると、高級住宅地が広がっている様子が窺われる。再びミャンマー大使館の門前まで戻り、左折して両側に大邸宅が並ぶ北に伸びる道を進む。進んで行くと**セルビア・モンテネグロ大使館**がある。この道は将軍家光のために造られた**御成道**だったのである。御成道について説明する案内板は国道３１７号線（八ツ山通り）との交差点（御殿山交番前）に立っている。

八ツ山（港区高輪三・四丁目）

御殿山交番前で八ツ山通りを横切り、坂を上りながら御成道を進む。この道の右手は高輪四丁目で、八ツ山の最南端である。**八ツ山**は、高輪台地の一部で、八つの岬があったのが名前の由来といわれる。幕末にお台場築造のための土取り場となり、大きく切り崩された。その後一番御台場御固担当の川越藩松平家の陣屋となった。御成道の東側に三菱グループの迎賓館である**開東閣**がある。開東閣は、明治四十一年にジョサイア・コンドル（イギリス人建築家・工部大学校教授）の設計により、岩崎彌之助高輪別邸として建設された洋館である（非公開）。隣接して高輪フォーラム（三菱グループの研修施設）がある。さらに少し北上して右折すると、左手に**港区立高輪南町児童遊園**の入口がある。木を組んだ木道のような急階段を下ると、中は断崖絶壁、すり鉢の底のようなところが子供の遊び場になっており、また、公園の正門がある。こ

こもお台場建造のための土取り場だったのである。法面《のりめん》には様々な補強措置が施されているが、二階建ての民家の屋根まで達する崖の一部は、八十度くらいの角度があって上には道路が走っている。その部分の法面がどのように補強されているのかはよく見えなかったが、多少心配になった。

御成道に戻って更に暫く北上してから左折する。突き当りには**ブルネイ大使館**があり、その角を左折して坂道を下って行く。御成道の西側は再び北品川であり、御殿山の名を冠したマンションが散見される。坂の中腹に旧ソニー会館の建物がある。ソニー創業者の邸宅を迎賓館として使っていたものであるが、現在は高級マンションに衣替えしたようだ。坂を下り切ると八ツ山通りとの角に、ガーデンシティという、店舗・レストラン・オフィスの複合施設となっているビルがある。ここが**ソニー創業の地**なのである。この建物の南側の通路脇には、「ソニー株式会社は昭和二十二年（一九四七年）一月二十日　この土地に七十坪の工場を得て　東京通信工業株式会社として　今日への第一歩を記した　昭和三十六年二月　ソニー株式会社」と記した記念碑が建っている。ソニー本社は、現在は港区港南に移転している。

御成道の西側の地区は、地形的には八ツ山の斜面だと思われるが、町は北品川六丁目であり、御殿山の一部との認識のようである。従って、八ツ山地区については、開東閣の縁を通って土取り場の底に下りただけなので、高級住宅地を巡ったという実感は殆どない。高輪三・四丁目の高級住宅地とされる核心部分には行かなかったからであろう。

島津山（品川区東五反田一・三丁目）

ソニー創業の地を出て八ツ山通りを東に進み、五、六分歩いて右に入ると**島津山**である。江戸時代は仙台藩伊達家の下屋敷があったが、明治維新後、旧薩摩藩島津公爵邸があったことから島津山の名がついた。大正六年にジョサイア・コンドル設計の西洋館が落成した。関東大震災でも建物は残った。戦後はＧＨＱに接収され将校クラブとなるが、現在は**清泉女子大**の本館として使用されている。旧公爵邸には耐震補強工事が施され、平成二十四年には東京都指定有形文化財となった。門は枡形門を彷彿させるような造りになっている。門前にはひと際目立つ警備小屋がある。

東京シティ

ガイドクラブのツアーで行った時は、時間の都合もあってか、我々一行は少し離れた公道から門構えを見るだけにとどまった。そこに品川区教育委員会の旗を持った引率者に連れられた、何組かのグループが現れた。門の近くまで進んでいたので教育委員会主催の文化財見学会かと思われた。今回一人で訪れた時には門の近くまで寄ってみたが、門の脇に先に書いたような由来を記した案内板があった。その後、豪邸の間を縫うようにして、桜田通りに出て五反田駅の方向に向かい、**雉《き》子《じ》神社**に立ち寄った。創建は室町時代と伝えられる古社であり、祭神は日本武尊である。江戸時代三代将軍家光がこの地に鷹狩りで訪れた際、白い雉子が神社へ逃げ込んだことから、以降「雉子の宮」と呼ぶように命じたという。家光はこうした名づけ親の伝承によく登場する定番である。現在は境内に大きなビルが建っているが、神社の本殿の上だけはビルの建物が懸からないようになっている。

池田山（品川区東五反田四・五丁目）

桜田通りを北側に渡り坂を上ると**池田山**である。池田山は備前岡山藩池田家下屋敷の跡地である。明治維新後も池田伯爵邸となっていたが、現在はNTT東日本関東病院はじめ高級住宅地となっている。池田山を地図で見ると、台地の南半分は、ほぼ正方形の土地に南北を走る三本の道路と、東西を走る六、七本の道路が、東西方向にかなり大きめの約十の区画を形成している。桜田通りからこの台地を上り、周辺の大邸宅を眺めながら真ん中の道を北に進み、突当りを左折すると、左側にあるのが**ねむの木の庭**である。

この地には美智子上皇后の生家である正田家の邸宅があった。父である正田英三郎氏の死後、平成十三年（二〇〇一）に相続税の一部として物納された。建物の保存を求める要望もあり、また、軽井沢への移築も検討されたが、結局平成十四年に解体された。その後品川区が公園用地として跡地を取得して整備、平成十六年に「ねむの木の庭」として開園したのである。名前の由来は、上皇后が高校時代に御自身で作られた詩「ねむの木の子守歌」に因む。シンボルのねむの木が庭の真ん中にあ

り、ツアーで訪れた時は五月中旬という季節に恵まれて、周りに様々な花が咲いていた。特に色とりどりのバラが数多くあったが、その中でも、美智子上皇后が皇太子妃時代の一九六七年に、イギリスのエリザベス女王より献呈された、プリンセス・ミチコと名付けられたバラがとりわけ印象的であった。今回の訪問は七月の上旬であったが、やはり様々な花が咲いていた。ばらの区画には、花は咲いていなかったが、エンプレスミチコという株が目についた。根元に、「一九九二年、皇后美智子（現・上皇后）が立后された後に イギリスのディクソン社から献呈されたバラ」と説明する札が立っていた。この池田山は、美智子皇太子妃が決定した時に一躍有名になったが、近所の人々がこぞって大歓迎・大祝福したとも聞いた。この高級住宅地を歩いてみて、さもありなんと思ったのである。

池田山の台地の北側は、南側よりはやや狭い印象であるが、ねむの木の庭の正面から北に向かう道を北上した。左側の大区画には**インドネシア大使館**があり、右側の大区画では大規模開発が進行中であった。この道を突当りまで進み、右折して台地の縁の急坂を下ると、右側の斜面にあるのが品川区立**池田山公園**である。左側の崖下の小学校の校庭を見下ろしながら、ほぼ坂を下り切ったところにある正門から入る。かつて旧池田邸の奥庭だったところであるが、所有者が転々としたのち品川区が購入し、公園として整備したものである。傾斜地を利用して樹林や池・滝などを配置し、大名庭園の面影を残した庭園となっている。

公園を高台の側の裏門から、先刻通った坂道の中腹に出て、そのまま細い道を西に進むと、高速目黒線に出る。ここで東五反田は終わり、この交差点を渡ると、上大崎三丁目になる。そのまま直進すると**タイ王国大使館**がある。しかしこの西側には南北を走る深い谷があるらしく、地図を見るとかなり南に下るか、北に上るかしないと花房山には到達できそうにない。そこでタイ王国大使館の近くから、北に進む谷沿いの車の通れない細い道を歩いて、ようやく目黒通りの至近にある谷頭の道を通って、花房山に到達することができたのである。

花房山（品川区上大崎三丁目）

花房山と呼ばれる地域は、山手線の東側で、目黒通りの南側に隣接する高台の一帯である。播磨国三日月藩森家（一万五千石）の上屋敷であったが、明治期には日本赤十字社社長でもあった花房義質《よしもと》子爵の屋敷があった。現在は目黒通りに沿った地区は

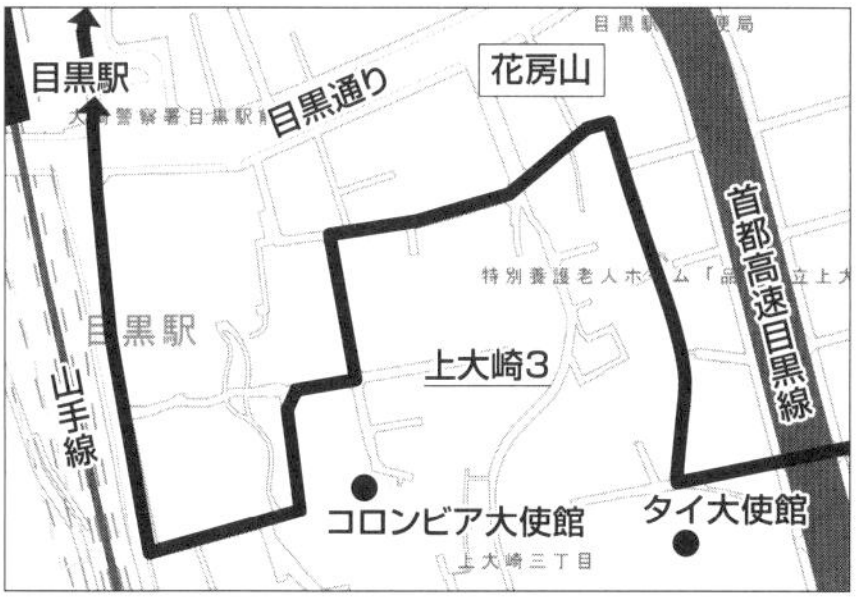

商業施設が建っており、近くにはタワーマンションが林立している。通りから離れるとコロンビア大使館を始めとする高級住宅地となっている。

長者丸

長者丸（品川区上大崎二丁目）は、目黒通りの北側の、ＪＲ山手線目黒・恵比寿間の東側で、高速目黒線との間に挟まれた区域にある高級住宅地である。北は小さな谷を挟んで恵比寿ガーデンプレイスに接する、品川区が港区と目黒区の間に突起したような形になっている。長者丸の一帯を高級住宅地として開発したのは、明治・大正期にこの土地を所有していた大呉服商・吉田弥一郎であった。真ん中に南北の一本道を通し、両側に何本かの東西の道を作って大きめな区画を形成したのである。

目黒駅の北側の目黒通りから、北向きに細い道を入ると、道は次第に西寄りの山手線の線路に沿った崖上に出る、右側には、シティコート目黒や目黒プラザといった超大型のマンションが続く。**立教大学太刀川記念上大崎交流館**という看板が掛かっている邸宅風の建物の角を右折すると、程なくして北に向かう真っ直ぐの道がある。これが吉田弥一郎の造った真ん中の一本道であろうと思い、左折して一路北に向かった。道の両側には○○長者丸といった名前の高級そうな中低層のマンションが並ぶ。住居表示としては長者丸の名は全く残っていないが、北寄りにある、大崎警察署**長者丸駐在所**が、公共の建物で、長者丸の名を冠した唯一の例かと思われた。

中央の道の北端の突当りを右折するとやがて下り坂になり、高速目黒線にぶつかる。その角近くに**吉田翁碑**という大型の石碑が建っている。吉田弥一郎（一八五七～一九二四）から土地を借りて邸宅を建てた三十六人の借地人が、弥一郎の業績を顕彰するため、弥一郎の死後五年を期して昭和三年に設置したものである。弥一郎は、これら借地人とは一族であるかの如き親戚づきあいをしていたようだ。長者丸地区には、著名な実業家や議員・官僚などステータスの高い人々が集まり、一大高級住宅地のコミュニティが形成されたことが窺われるのである。

この石碑の脇には、「**吉田翁碑補文**」として弥一郎の三男幸三郎（一八八七～一九八〇）を顕彰するための銅柱が建っている。幸三郎は、坪内逍遥に師事し、松井須磨子と同期で、近代劇の生成・発展のために力をつくし、私財を投じ莫大な資金援助を行ったという。また、古典音楽や能の囃子方の保存育成にも尽力したようである。この銅柱の碑文は、邦楽の友社発行『邦楽百科事典』一〇二二ページから復刻されたものだとの解説も付されている。

この後坂道を少し戻ったところで右折し、長者丸地区の最北端にある一大マンション群の間を通り抜けると、恵比寿ガーデンプレイスがある。この後動く歩道経由で恵比寿駅から帰途に就いた。

東村山市

2021年　11月記

東村山市は、東京都の多摩地区東部の北辺に所在する。府中市及び国分寺市の真北に位置し、古代の東山道武蔵路や中世の鎌倉街道が南北に貫いていたため、古くから開かれていた土地であった。域内には数多くの古代から中世にかけての遺跡が存在し、古い時期に創建された神社仏閣と、国宝や重要文化財を含む文化財が存在する。さらに江戸時代には、府中街道や所沢街道も走っていて交通の要地でもあり、農村で信仰の対象であった地蔵や庚申塔なども多数残されている。また、今回は訪問しなかったが、古くは幾つかの縄文時代の遺跡も発掘されている。更に、近代から現代のモニュメントも多数存在する。

今回の散策ルートは、何年か前に参加した東京シティガイドクラブの文化財保護ウィークに行われたツアーを基本として、その時は割愛された古戦場跡や社寺等を追加するとともに、さらに秋津方面まで歩いたのである。

志村けんの木と銅像・鎌倉街道跡・東山道武蔵路《とうさんどうむさしみち》跡

西武新宿線の西武新宿駅から特急電車に乗ると、高田馬

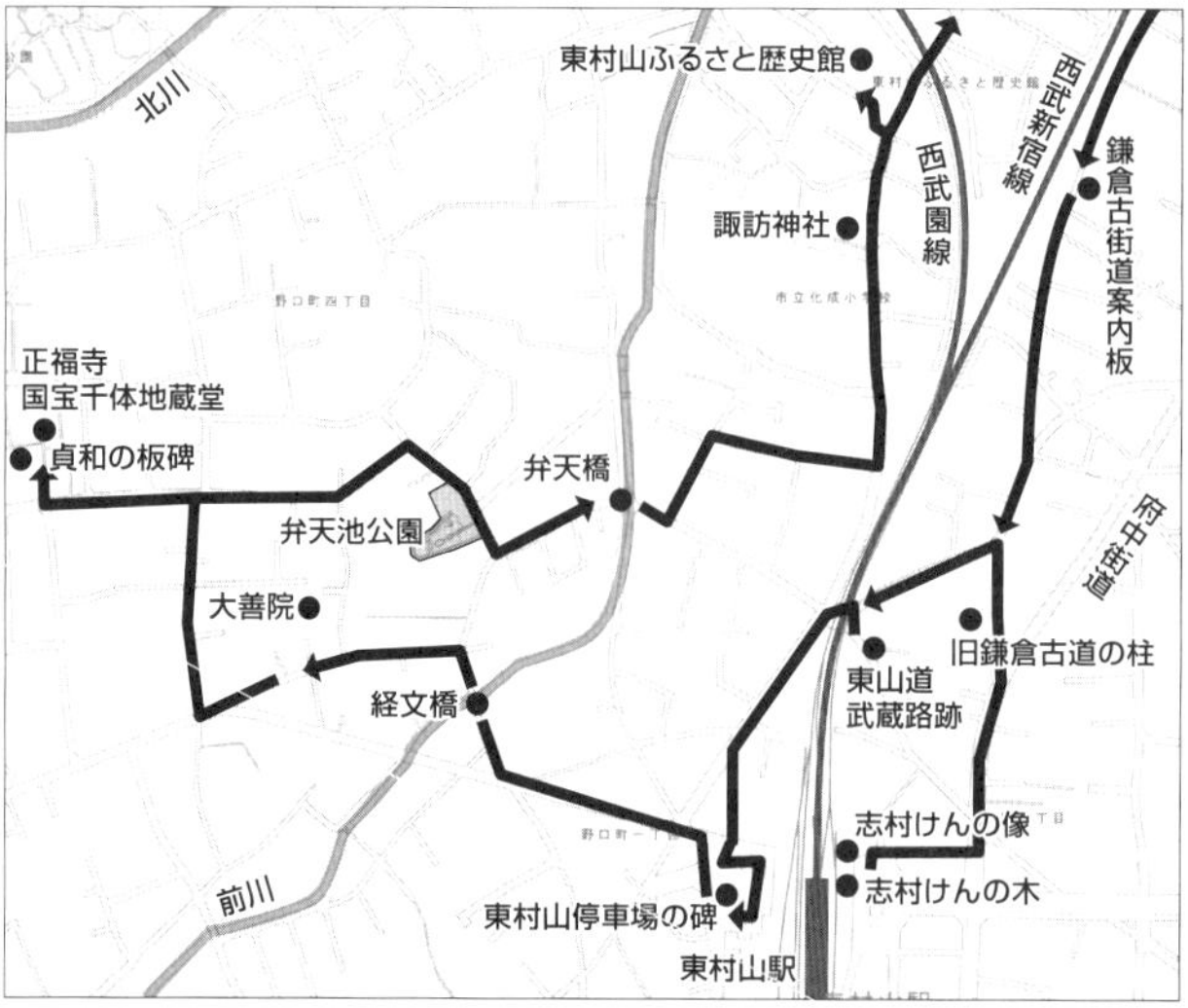

場の次が東村山駅である。東村山駅東口の前には「**志村けんの木**」と呼ばれる三本のケヤキがある。東村山の出身であった志村けん（一九五〇～二〇二〇、芸能人・コメディアン）が、一九七六年に『八時だよ！ 全員集合』で東村山の民謡「東村山音頭」をアレンジして披露したのを受けて、東村山市の知名度アップに貢献したとして、翌年市当局によって植えられたものである。東村山駅東口すぐ北の線路際には**志村けんの銅像**がある。志村けんが、コロナ禍の初期の段階で新型コロナウイルスに罹患し亡くなったことは記憶に新しい。生前から東村山市民から格別に親しまれていた、志村けんの銅像建設は直ちに実行に移され、二〇二一年六月に披露された。羽織袴の和服姿の等身大の立像は、志村けんの代名詞ギャグ「アイーン」のポーズをとっている。銅像のバックには横三・六メートル・縦二・五メートルの巨大パネルが設置され、左側にモザイクアートで大きな顔が描かれ、右側には「多くの笑いと感動をありがとう」の文字が活字体で記されている。

　次に府中街道を北に進み、街道が北東に湾曲している辺りで、商工会館の横の、北に真っ直ぐ進む細い道に入る。この道が**鎌倉街道跡**なのである。立派な門構えの旧家の門の脇に「**東村山市指定旧跡鎌倉古道**」と記した木造の柱が建っている。今回歩いた鎌倉街道跡はこの一ブロックだけであるが、前回は北方向から東村山駅に向かって、もう少し長くこの道を歩いてきた。西武線と並行して続く鎌倉街道の東側に少年野球場があり、その境の金網の前に、**鎌倉古街道**の案内板がある。鎌倉街道は各地から鎌倉に至る道の総称である。鎌倉幕府は、重要な基盤である関東地方をしっかり統治するため、鎌倉を起点として四方の街道を整備した。主なものは、上ツ道《うわつみち》・中ツ道《なかつみち》・下ツ道《しもつみち》と呼ばれたが、東村山の市域を通っていたのは上ツ道である。元弘三年（一三三三）新田義貞が討幕の兵をあげこの上ツ道を南下したことは有名である。

鎌倉街道から左折して西武線の踏切の手前を左折すると、現在空地になっているあたりから、平成十二年（二〇〇〇）の発掘調査により、側溝を含む幅一二メートルの遺跡が発見された。これが**東山道武蔵路跡**《とうさんどうむさしみち》なのである。この時の調査で東村山地域では三か所が見つかった。現在は埋め戻されて、小さな案内板が建てられているだけである。奈良時代の律令体制では、全国を畿内と七道の行政区域に分けて統治していた。東村山市がある武蔵国は東山道に属していた。武蔵国の国府（現在の府中市）に向かう道は、現在の群馬県太田市付近で東山道本道から分岐し、東山道武蔵路と呼ばれたのである。

東村山停車場の碑・大善院

踏切に戻って左折し線路に沿って南に進むと、東村山駅の西口に出る。東村山駅は現在高架工事が進められており、全体が白い塀で囲まれ、地下から上がってきた仮の出入口があるだけであった。駅前ロータリーの一隅に**東村山停車場の碑**がある。明治二十八年（一八九五）国分寺・川越間を結ぶ川越鉄道が開通した時に、土地の人々の努力によって東村山停車場を設置することができた。この碑は、東村山停車場の開設の経緯とそのために尽力した人々の名を刻んだ記念碑で、明治三十年に建てられたものである。駅前ロータリーの道路を隔てた西側の和菓子処の店頭には、志村けんに因んだ「東村山名物だいじょぶだァ饅頭」の垂れ幕が下がっていた。志村けんの同級生の店だそうである。

駅前から真っ直ぐ西に向かうバス通りを進み、一〇〇メートル程進んだ五叉路で右折して右斜め前の坂道を下り、市内を流れる前川に架かる**経文橋**を渡ってから左折すると**大善院**がある。二度曲がった角には大善院の方向を示す矢印があるので大層分かりやすい。大善院に着いた時には、丁度十五人程のツアーのパーティーがまさに門内に入ろうとしていたところだった。大善院は成田不動尊を祀る天台宗の寺院である。創立の時期は不明だが、もともとは八王子市に一五七二年に開山したものと伝えられ、明治三十二年（一八九九）に現在地に移されて信仰を集めたようだ。大善院の名前を刻んだ石柱の他に門らしい建物は無いが、敷地に入ると直ぐ、本堂につながる石畳の両側に築造された一対の溶岩の小山が目に入る。あたかも本堂の手前に築かれた、門柱の代わりのようでもあるが、他では見たことがない異様な光景である。境内の左側の縁には、さらに大きな溶岩の築山があり、その山には唐金《からかね》（青銅）製の不動明王を中心にした、三十六童子像が建ち並んでいて、なかなかの壮観である。

金剛山正福寺・弁天池公園・弁天橋・諏訪神社・ふるさと歴史館

　大善院から出てコンビニのある角を右折し、二本北の道に出て左折すると右側に正福寺がある。**金剛山正福寺**は、鎌倉の建長寺派に属する臨済宗の寺である。寺に伝わる縁起によれば、弘安元年（一二七八）南宋の僧により開山され、当時の鎌倉幕府執権北条時宗により開創されたといわれている。地蔵堂以外の建物は火災等で失われ、北条時頼・時宗の開創伝承に確証はない。今回訪れた時は、コロナ禍の平日でもあったため、境内はやや閑散としていたが、二〇一九年十一月に訪れた時は、正福寺では地蔵まつりが催されており、門前には屋台の店も出て、大層賑わっていた。

・**正福寺山門**（一七〇一年建立、市指定文化財）：四脚門・切妻造り・茅葺き型銅板葺き。

・**国宝千体地蔵堂**（一四〇七年建立、昭和三年特別保護建築物、昭和二十七年国宝指定）：都内にある二つの国宝建造物（他の一つは迎賓館赤坂離宮）のうち唯一の木造国宝建造物である。鎌倉の円覚寺舎利殿と共に禅宗様式の代表的建築物で、板葺きの下層屋根の上に入母屋造り・柿《こけら》葺きの屋根があり、この屋根の反りなどに特徴がある。堂内には江戸後期一八一一年の作である本尊の延命地蔵菩薩立像のほか、千余体の小さな木造地蔵尊が奉納されている。江戸時代の地蔵信仰が盛んだった時期のものである。堂内の公開日は年に数回に限られているので、今回は堂の外から見るだけであったが、前回は文化財ウィークの一環として、堂内に立ち入ることができた。堂内で屋根裏を見上げると、天井を張っておらず、垂木等の構造物を見せる化粧屋根裏となっている。縁の方の垂木は扇垂木といって放射状になっている所が見える。屋根を支えている柱や梁の組み合わせ部分が見えるが、太い材木でがっしりとしたものであった。

・**貞和の板碑**（一三四九年作、市指定文化財）：地蔵堂参道の左側の木製の保存堂内に設置されている。高さ二八五・幅五五・厚さ六各センチメートルと、現存する板碑では都内最大級といわれる。碑面には釈迦種子《しゃかしゅじ》・月輪《がちりん》・蓮座《れんざ》を配し、その下に「光明真言《こうみょうしんごん》」（真言宗で唱える祈りの言葉）の梵字《ぼんじ》が刻まれている。この板碑は近くの前川のほとりに建てられていたが、川面に経文を移していたことから、先刻渡った橋は経文橋と呼ばれているのである。

　正福寺を出て東の方向に戻り突当りを右折すると**弁天池公園**がある。園内には自然の湧水を利用した池があり、この池には弁財天「出世弁財天」が祀られているので弁天池と呼ばれている。さらに東に進むと前川に架かる**弁天橋**に達する。鉄筋コンクリート製の朱塗りの橋であり、弁天様に通じる橋としてこの名がついたようだ。

　弁天橋から北の方向に進むと、**諏訪神社**を経て、**東村山**

ふるさと歴史館がある。東村山の歴史を、縄文時代（市内《しない》下宅部《しもやけべ》遺跡から発掘された丸木舟他）・古代（東山道武蔵路跡他）・中世（鎌倉街道・久米川の合戦他）・近世・近代・現代と時代に沿って発掘物等を常設展示しており、東村山の歴史を知るには必見の施設である。

徳蔵寺・徳蔵寺板碑保存館・久米川古戦場跡・将軍塚・梅岩寺

　ふるさと歴史館を出て直後に西武園線の踏切を渡り、さらに五分程歩いて突当りを左折すると**徳蔵寺**がある。本尊は白衣観音《びゃくえかんのん》で、戦国末から江戸初期の開山と伝えられる。東山道武蔵路を往来する旅人の難儀を救うために、平安時代の八八三年に設けられたという**武蔵悲田処跡**は、徳蔵寺の東隣りの辺りであっただろうと推定されている。徳蔵寺は、武蔵野一帯から集めた一五〇点以上の板碑を所有し、**板碑保存館**に所せましと並べて保存している。

・**板碑元弘三年斎藤盛貞等戦死供養碑**（国指定重要文化財）‥太平記の記述を裏付けるように元弘三年（一三三三）五月十五・十八日の合戦場所と討死者名が刻まれていて、歴史を実証する板碑として有名である。頭頂部は欠けているが残存部だけでも高さ一四七センチメートル・幅四四センチメートルと大きい。この戦闘で新田軍は大敗を喫し、退却を余儀なくされた。ここで三人が特に顕彰されているのは、殿軍を勤めたからであろうとみられている。

・**比翼碑**（市有形民俗文化財）‥双式板碑または連碑と呼ばれ対になっている板碑の比翼塚である。

・**獣脚付蔵骨器**（市指定文化財）‥素焼きの土器の一種、有蓋で獣脚の蔵骨器。奈良時代末期から平安初期のもので、全国で数少ない貴重なものであるとされる。

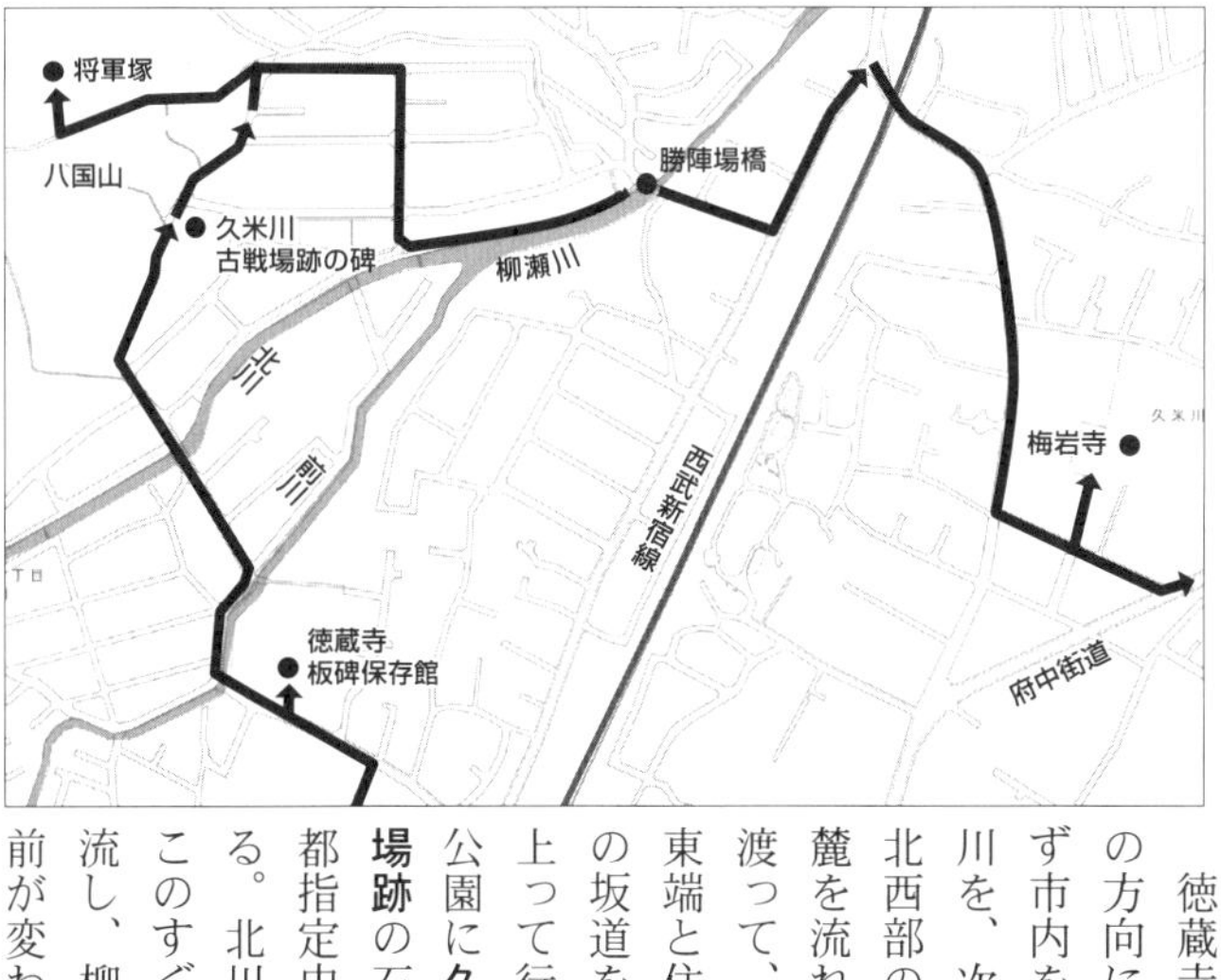

　徳蔵寺から西北の方向に向かいまず市内を流れる前川を、次いで市内北西部の八国山《はちこくやま》の麓を流れる北川を渡って、八国山の東端と住宅地の境の坂道を北向きに上って行くと、小公園に**久米川古戦場跡**の石碑（東京都指定史跡）がある。北川と前川はこのすぐ近くで合流し、柳瀬川と名前が変わるが、江

戸時代初期には久米川と呼ばれていたとの説もある。この一帯は、鎌倉時代には久米川宿といって、上野国（群馬県）と鎌倉を結ぶ鎌倉街道上ツ道の主要な宿駅であった。この辺り一帯は、現在は久米川町と呼ばれている。群馬県新田町で鎌倉幕府討幕のため挙兵した新田義貞の軍勢は、五月十一日初戦の小手指《こてさし》河原合戦（所沢市）で鎌倉軍を破り、翌十二日にこの周辺で行われた久米川合戦で再び勝利したのである。久米川宿を中心としたこの場所は、室町時代以降もたびたび合戦の舞台となった。

久米川古戦場跡の碑の近くに八国山に上る登山道の入口がある。十五分ほど登って行った頂上付近（所沢市）に、**将軍塚**と刻んだ石碑がある。「江戸名所図会」に、久米川での戦いに勝利した義貞が、この地に塚を築き、大きな旗を立てたとあることから、昭和十二年（一九三七）に建てられたものである。

将軍塚から山道を引き返し、古戦場跡の碑の近くから宅地開発の進んだ地区の中央の道を下り、北川の縁に出る。北川と前川との合流地点を見ながら柳瀬川に沿って下り、勝陣場橋で川を渡り、さらに高架の西武新宿線のガード下を潜って道なりに進むと**梅岩寺**がある。梅岩寺は曹洞宗の寺であり、創建は中世の頃と伝えられるが、明らかではない。山門を中心とする塀の内側には何本ものケヤキやカヤの巨木が列をなして植えられている。特に山門の左には樹齢七百年といわれるケヤキ（都の天然記念物）が、右には樹齢六百年のカヤ（市の天然記念物）が、あたかも仁王像のように立っているのはとりわけ壮観である。

馬頭観音など・光あまねしの碑・氷川神社・秋津神社

梅岩寺を出て塀に沿って東の方向に進むと府中街道に出るのでさらに東の方向に進むと、久米川町の信号のところで北向きに所沢街道がある。所沢街道の北東の付け根から細い斜めに入る道を北東方向に進み、突当りを左折し、次の角を右折すると、すぐ目の前に信号があるのでそこを左折する。この道が旧所沢街道であり、所沢へと向かう旧道であった。実は古くからの所沢街道はこの旧所沢街道ではなく、西側に少しふくれているやや細い道だったようだ。地図を見ていてそうではないかと思ってふるさと歴史館に問い合わせたところ、その通りだということだった。記録によれば、昭和十八年に所沢飛行場（現在は所沢航空公園となっている）を補完するためか、この地に航空機が発着するための滑走路として使える、幅の広い真っ直ぐの道路を建設したようだ。

旧所沢街道が、久米川古戦場跡から流れて来る柳瀬川と交わる所に架かる柳瀬橋のたもとには、いくつかの石仏が祀られている。そのうちの**馬頭観音**は一七八一年のもので、大切な輸送力であった馬を供養し、道行く人々の安全を祈ったものである。一七〇七年の立派な庚申塔も並んでいる。

柳瀬川の北側の道を東方向に進むと、次の秋津橋のたもとに**光あまねし**の碑がある。詩人の草野心平（一九〇三〜一九八八）は昭和三十八年（一九六三）から秋津町に住み、自宅周辺を自然のままという意味の「五光」と命名した。その後、秋津橋のたもとに心平の筆により「光あまねし」の木柱が建てられた。その墨痕が薄くなったため、昭和五十六年（一九八一）に地域の人々により、石の記念碑が建てられたのである。

光あまねしの碑から東方向に七、八分歩くと**氷川神社**がある。南秋津村の鎮守で須佐之男命が祭神である。稲田姫尊とともに、日本神話で最も仲睦まじい夫婦神と伝えられるところから、結婚運・家庭運をもたらす、縁結びの代表的な夫婦神とされている。

氷川神社から東方向に比較的細い一本道を二十分程歩くと、**秋津神社**に到達する。日本武尊を祭神とし、石造の不動明王を祀っている。元弘の戦いの際には、新田義貞が日本武尊の武威を慕ってこの地を訪れ、不動像を木にかけて祈念したとされている。本殿は、精巧な彫刻が施され、市の有形文化財に指定されている。秋津神社の境内にある**庚申塔**には鞘堂が建てられており、「庚申塔お堂落成　平成十四年三月」との看板が掲げられている。庚申塔は、庚申の日に徹夜でお祈りするという庚申講の人々によって造られたものであり、市内あちこちに現存している。その多くは江戸時代のものであり、庚申信仰の広まりが窺われる。庚申塔は、馬頭観音と同様道の神様として敬われ、分かれ道などに置かれた。この神社にある庚申塔は、元々は神社の東側に沿った道路の脇に置かれていたが、昭和の中頃、道路の拡幅の際にこの場所に移されたものである。

秋津神社からは四、五分でＪＲ新秋津駅に着く。そこから七、八分歩いて西武池袋線秋津駅から帰宅の途に就いた。

田園調布
渋沢栄一の理想の街と多摩川台古墳群

2022年 2月記

田園調布は大田区の最西端に位置し、世田谷区が東側に犬の首のように突き出たところと西側・北側および東側の大部分が接し、南側の大部分は多摩川に接しているので、大田区の町（田園調布本町及び雪谷大塚町）とは南東部分が中原街道及び環八通りを境界として僅かに接しているだけの、大田区としては西に突き出た半島の様な形状になっている。現在の田園調布の町域は、東急東横線の東側が二丁目とその南に一丁目、西側に三丁目・四丁目・五丁目が順に西に延びていて、最南端は一丁目になっている。

この地域は、晩年の渋沢栄一が、都会と田園の長所を併せ持った理想の街づくりを実現しようと念願して、大正七年（一九一八）に「田園都市株式会社」を設立し、まだ電車も水道も電気もない「田園都市玉川台」の土地を購入し、四男渋沢英雄がバトンを引き継いで高級住宅地の開発を進めたのである（田園都市株式会社は東急電鉄及び東急不動産の前身となった）。土地の造成・分譲は大正十二年（一九二三）に開始された。同時に鉄道の整備も進められ、大正十二年に目黒蒲田電鉄（現・東急目黒線）が開通、調布（現・田園調布）駅が開業し、さらに昭和二年には東京横浜電鉄（現・東急東横線）も開通し、都心方面へのアクセスが大幅に向上した。さらにこの地は国分寺崖線の良好な地盤の上にあることから、関東大震災後に都心で被災した多くの人が、特に富裕層を中心に次々に移り住んで来たのである。今日に至っても、大田区田園調布の町域の大部分は、第一種低層住居専用地域と第二種風致地区にあたり、日本有数の高級住宅地として有名である。

国分寺崖線は、多摩川が一〇万年以上の歳月をかけて武蔵野台地を削り取ってできた崖の連なりで、立川市から大田区まで約三〇キロメートルに渡って、樹林や湧水などの大きな自然の恵みをもたらしている。多摩川台の崖はこの国分寺崖線の南端かつ東端にあたる。多摩川台には古代の古墳が多数存在する。現在はこの辺り一帯は多摩川台公園として整備されている。

本稿は、二〇二一年十一月に催行された東京シティガイドクラブのツアーに参加した時の記録である。

東急東横線田園調布駅から出発し、渋沢英雄が開発した田園調布三丁目の街並みを散策した後四丁目に至り、多摩川台古墳群を辿りつつ多摩川台公園を歩いた後、崖線を下って多摩川のほとりから多摩川駅を経由して、東急線の東側の田園調布せせらぎ公園でツアーは解散した。その後は単独で田園調布一丁目及び二丁目の住宅地を経由し、最後は二丁目の商店街を通って田園調布駅に至ったのである。

駅前広場から田園調布三丁目へ

東急東横線を田園調布駅で降りて、地下のホームから北向きに地上の駅前広場（二丁目）に出る。ツアー参加の登録を済ませてから、先ずは駅の東側の二丁目の方向を眺めると、正面に真っ直ぐ下り坂の商店街が続いているのが見える。渋沢英雄の設計では、三丁目の住宅地に対し、二丁目は商業地ということであったが、商店街はこの道の両側に商店が連なっているだけで、商店街としてはさほど大きいものではなく、横道に入るとほとんどすべて住宅地である。駅前の道路も低層のビルが建っているだけで、事前に抱いたイメージとは大きく異なっていた。目立つものと言えば、駅前角地の三階建てのビルに、「祝・長嶋茂雄氏・文化勲章受章」の横断幕が掛かっていたことくらいのものであった。

駅の西側の階段を上ると門のような建物がある。大正十三年（一九二四）に竣工した**田園調布駅の旧駅舎**であり、「東京急行・田園調布・DEN-EN-CHOFU STATION」の扁額が掛かっている。建築家の矢部金太郎（宅地開発の基本設計者でもある）が設計を担当した、中世ヨーロッパの民家風デザインの建物である。東急東横線及び目黒線のホームの地下化工事に伴い、平成二年（一九九〇）に一旦解体されたが、平成十二年（二〇〇〇）に現在地に再建された。関東の駅百選に認定されている。

旧駅舎の〝門〟を潜ると目の前に半円形のロータリーがあり、正面に**田園調布の由来**を記した大型のボードがある。その奥に半円形の田園調布三丁目の街並みが広がる。旧駅舎の前に立つと、そこを中心とする五本の放射状の道路が奥まで見渡せるが、この五本の銀杏並木は、昨年の秋が比較的暖かかったためか、黄葉は半分程度しか進んでおらず、緑色と黄色のまだら模様であった。この〝門〟を中心とする半円形の街並みは、明らかにパリの凱旋門と周囲の街並みを意識したものと思われる。パリ万博（一八六七）への日本代表徳川昭武（十五代将軍徳川慶喜の実弟）に随行して、パリにしばらく滞在した渋沢栄一の発案によるものかもしれない。道路が湾曲していると先が見通せないので、先がどうなっているのかと好奇心に駆られてどんどん進んで行くものだと、渋沢英雄がどこかで語っていたとも聞く。

田園調布の道路は幅が広く、また、個々の区画は広く維持されている。田園調布では、良好な環境を維持するため、大正十五年（一九二六）に組織された自治会の「田園調布会」が「田園調布憲章」を制定し、区画を分割しないこと、建蔽率を五〇パーセント以下とすること、建物を前面の道路幅以上にセットバックすること、生け垣を原則とし石塀は腰までの高さとすること、などの規制を設けた。「田園調布会」は現在に至るまで続いており、この紳士協定によって街の環境が守られてきたのである。

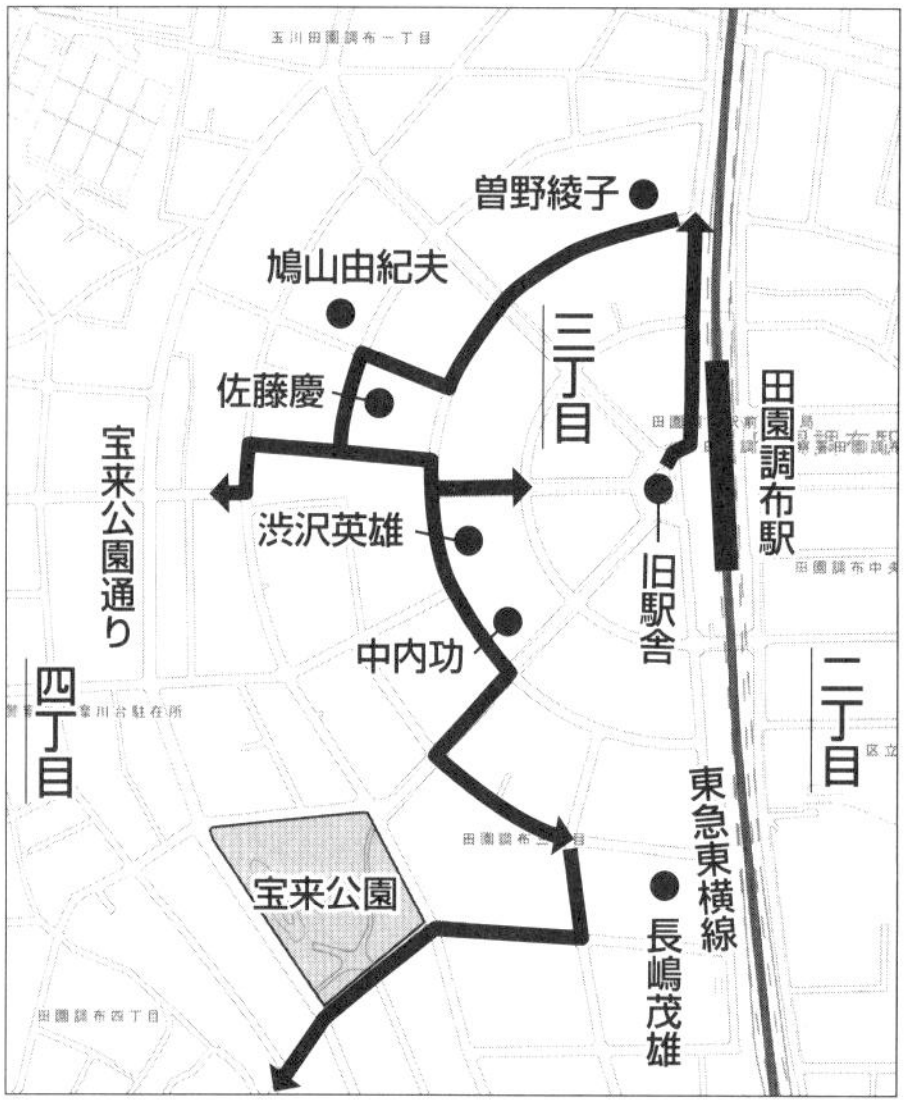

ツアーの一行は田園調布駅前から、先ず線路に沿った放射道路を北へ進み、二つ目の角を左折して二本目の同心円の道路を進んだ。北西に向かう放射道路を横切るときには、半分黄色くなっているイチョウ並木の向こうに、斜めに向いている旧駅舎が眺められ、まさに凱旋門を斜めに見

ているといった雰囲気である。つぎの角を右折して三本目の同心円に移動し、さらに突当りを右折して四本目の、半円にはなっていない同心円に出る。そこからさらに右折すると急な下り坂であり、坂の途中で下を眺めた。宝来公園通りとよばれる坂下の道は、向こうは上り坂であり、昔は川が流れていたが現在は暗渠になっている。この道は田園調布三丁目と四丁目の境界線である。ここまでに著名人の住居として、曽野綾子・三浦朱門夫妻、佐藤慶、鳩山由紀夫などの住居の近くを歩いたが、個人の住居は写真を撮ってはならないと始めに注意されていた。

この後再び二本目の同心円に戻り、旧駅舎を正面に見る放射道路を左折して、一番小さな同心円の角まで進んで左右を眺めた。その後また引き返し、次いで二番目の同心円を南に進み、四番目の放射道路を右折して三番目の同心円に移った。ここまでで、高峰三枝子・小暮美千代・渋沢英雄・中内功などが元住んでいた所が示された。三番目の同心円を東に向かい次の角を右折して南に向かったのだが、その前に、そのまま直進すると下り坂の中腹に長島茂雄の住居があるとの説明があった。

南に向かった一行は次の角で右折し西に向かって緩やかな坂を下って行くと、先刻半円になっていないといった道路に出る。そこを横切ると右側のブロックにあるのが**宝来公園**である。宝来公園は、武蔵野の旧景を保存し永く後世に残すために、「田園調布会」が町の一角の潮見台の地を広場としたことから始まる。その後昭和九年（一九三四）に田園調布会から東京市に寄付され、造成整備後の昭和十九年（一九四四）に宝来公園として開園、昭和二十五年（一九五〇）に大田区に移管された。園内は国分寺崖線へ向かう傾斜を利用して造成されており、ウメ・サクラ・ツバキ・サザンカ・クヌギ・シイなど約七十種千五百本の花や樹木があり、湧水のある池にはカモも泳いでいる。宝来公園の西側の縁の道路は先刻上から眺めた宝来公園通りであり、ここで田園調布三丁目から四丁目に移った。

多摩川台公園

宝来公園通りを越えて二ブロック西に歩くと、**多摩川台公園**の入口である。多摩川台公園は多摩川に沿った丘陵地に、約七五〇メートルに渡って整備された、細長い帯のような形状の公園である。面積は約六七〇〇〇平方メートルに及ぶ、自然林の道、古墳、古墳展示室、展望広場、水生植物園（『調布浄水場』沈殿池跡）、四季の野草園（『調布浄水場』ろ過池跡）、あじさい園、山野草のみち、広場などがある。細長い公園の全域に渡って多数の古墳が列をなしており、古墳の保存を行っているのが特徴である。昭和二十八年都立公園として開園、昭和五十年に大田区に移管された。

入口から入って最初にある古墳が**宝来山古墳**《ほうらいさん》である。標高三七・五メートル付近に築造された全長約九七メートルの前方後円墳で、四世紀に築かれたこの地域最古のものである。昭和九年（一九三四）に、後円部で発見された粘土槨から四獣鏡・玉類・武器などが出土した。この古墳は、多摩川流域の古墳時代を解明するうえで重要であり、東京都指定史跡になっている。

この後遊歩道に沿って歩いて行き、公園が道路で分断されている部分を繋ぐ虹橋という、ドラマのロケにも使われる風情のある橋を渡る。さらに中小の古墳が列をなして並んでいる所の脇を進んで行く。この辺りで木の間隠れに多摩川の方向を見下ろすと、多摩川の河川敷の広場に野球場が見える。そこはかつて巨人軍多摩川グラウンドがあったところである。昭和三十年（一九五五）読売ジャイアンツは国有地を借り受け、ファームの本拠地・練習場として使用していたが、よみうりランドに新施設が設置されたことに伴い、平成十年（一九九八）に国に返還された。長島選手がここで練習した時には、さぞかし便利であったことかと思われる。

さらに進んで行くと、丘の上に四阿《あずまや》があり、その外壁に「多摩川台公園と下村宏氏」と題する案内板があった。下村宏（一八七五〜一九五七、明治・大正・昭和の官僚・新聞経営者・政治家・歌人）は、玉音放送の際の内閣情報局総裁であり、ポツダム宣言受諾の実現に尽力したことで知られている人である。昭和十二年、田園調布に居を構えて以来、この地（多摩川台）を好んで散策していたようである。晩年には田園調布会の会長も務めていた。戦後初代国立公園審議会の要職にあった下村宏は、当局に掛け合い、多摩川台を公立公園とする許可を取り付け、昭和二十八年に都立公園としての開園にこぎつけた。多摩川台公園の生みの親としてその功績をたたえるため、氏が好んで立たれたというこの場所に建てられた四阿に、歌人としても活躍した下村宏の海南という号を採って、**海南亭**と名づけられたのである。

ここまで読み進んで私は「下村海南なら知っている」とピンときた。小学校高学年の時学校で子供ニュースを聴いて、それを纏めて提出するということをやっていた。下村海南が死去して葬儀が行われたということとともに、遺言により、角膜のドナーとして、必要とした人に移植されたというのがそのニュースである。家に帰って、朝日新聞にも載っていたことを覚えている。角膜移植手術の草創期で、著名人がドナーとなって角膜移植が行われたことから新聞記事にもなったものと思われる。ツアーの一行でガイドさんも含め、このことを知っている人はいなかった。後日図書館で検索したところ、新聞記事は一九五七年十二月十三日の朝日新聞の朝刊であった。また、このことが契機となって、角膜移植法が制定されるに至ったということである。

海南亭の近くに**見晴台**がある。崖下には大きくうねって流れる雄大な多摩川の流れと、対岸の川崎市の街並みと、その奥に丹沢の山々が見える。条件が良いとさらに奥に富士山も見えるようだ。この公園からの眺望は多摩川八景にも選ばれている。

この後一旦丘から下り、ふもとの広場の一角にある**古墳展示室**を訪れた。公園管理室に併設されている。展示室内に、古墳が実物大で再現されているのが圧巻である。東国（関東地方）で六世紀に造られた横穴式石室をもつ全長約六〇メートルの前方後円墳である。展示室に収めるために、後円部の一部を切り取った状態で復元されているが、その切断面では、古墳の造り方が見えるように工夫してある。横穴式石室に入ると、木棺に埋葬された被葬者が、副葬品と一緒に葬られている姿の模型を見ることができる。

再び丘の上に戻ると、**亀甲山《かめのこやま》古墳**がある。全長一〇七メートル・前方部の長さ四一メートル・後円部の直径六六メートルと、大田区から世田谷区におよぶ荏原台古墳群中最大の前方後円墳である。発掘調査は行われておらず詳細は不明であるが、埴輪・葺石等がないことや、その古墳の形により、古墳時代前期後半（四世紀後半）の築造と考えられ、当時この地方に勢力のあった首長の墓と推定されている。港区芝公園内にある芝丸山古墳と並んで都内を代表する古墳であり、国の史跡に指定されている。
亀甲山古墳の後円部の一部を削り取った位置にあるのが、旧調布浄水場沈殿池跡に造られた**水生植物園**である。コンクリート製の水槽跡を利用して、スイレン・ハナショウブといった湿地の植物が栽培されている。隣接する浄水場ろ過池跡は、レンガ囲いを利用して広い花壇が造られ、**四季の野草園**になっている。さらに浄水場の地下の配水池だったところは、雨水を溜めて池の補水池として利用しているということである。野草園のはずれには大田区と米国マサチューセッツ州セーラム市との**姉妹都市提携三十周年**

記念として建てられたボードがある。大森貝塚を発見したエドワード・モース博士がセーラム市の博物館の館長であったことから、大田区立郷土博物館との間で姉妹館となり、一九九一年にはセーラム市と大田区が姉妹都市となったので、二〇二一年に三十周年を記念して建てられたのである。ここで多摩川台公園の丘を下りて、多摩川に沿った多摩堤通りに出た。

田園調布一丁目から二丁目へ

多摩川台公園の南半分は田園調布一丁目である。多摩堤通りに出ると暫くは**旧六郷用水**が道に並行して流れている。六郷用水は、現在の狛江市の多摩川を水源とし、世田谷区を通り大田区に至る延長二三キロメートルの用水路であった。一五九七年に開削され、主として農業用水として水を供給し、一九四五年に廃止された。大半は一九七〇年代までに埋め立てられたか雨水用の下水道や道路となったが、一部区間（世田谷区岡本～大田区田園調布）を丸子川として残している。また、大田区の中原街道から南の一キロメートルほどの間は、湧水を使って再現された用水路が遊歩道とともに整備されている。

東急東横線のガード下を潜った後、多摩川浅間《せんげん》神社古墳の小山を南側から回り込むと、**多摩川浅間神社**がある。田園調布の氏神である。この神社は約八百年前の創建と伝えられている。鎌倉時代の文治年間（一一八五～九〇）、源頼朝が出陣した際、夫の身を案じた妻政子は後を追ってこの地に逗留した。亀甲山へ登り、鮮やかに見える富士山（政子の守り本尊は富士吉田の「浅間神社」）に手を合わせ、身に着けていた小観世音像をこの丘に建てた。村人たちがこの像を「富士浅間大菩薩」と呼び、尊崇したのが神社の起こりとされている。御祭神は木花咲耶姫命《このはなさくやひめのみこと》であり、伝説上産屋に火を放ってその中で無事海彦・山彦などの子を産んだとされていることから、火難消除・安産・漁業・農業等の守護神として崇敬されている。本殿に至る急な階段の途中に富士講中興の祖・食行身禄《じきぎょうみろく》の石碑がある。彫られている文字は勝海舟の直筆である。山の頂上に本殿があり、展望台からは絶景が望まれる。眼下に多摩川の流れがあり、右に多摩川を越える東急東横線の鉄橋が、左に中原街道の丸子橋が、川の向こうは川崎市中原区の街並みが続き、武蔵小杉の高層マンション群も見える。奥には丹沢の山々が見え、条件がよければ富士山もよく見えるはずである。

多摩川浅間神社を出て東急多摩川線に沿って北に進むと多摩川駅がある。地下道を通って線路を越えると**田園調布せせらぎ公園**がある。前身は多摩川園遊園地であった。田園調布の街の開発の一環として、大正十四年（一九二五）に「温泉遊園地多摩川園」がオープンし、戦前は温泉と劇

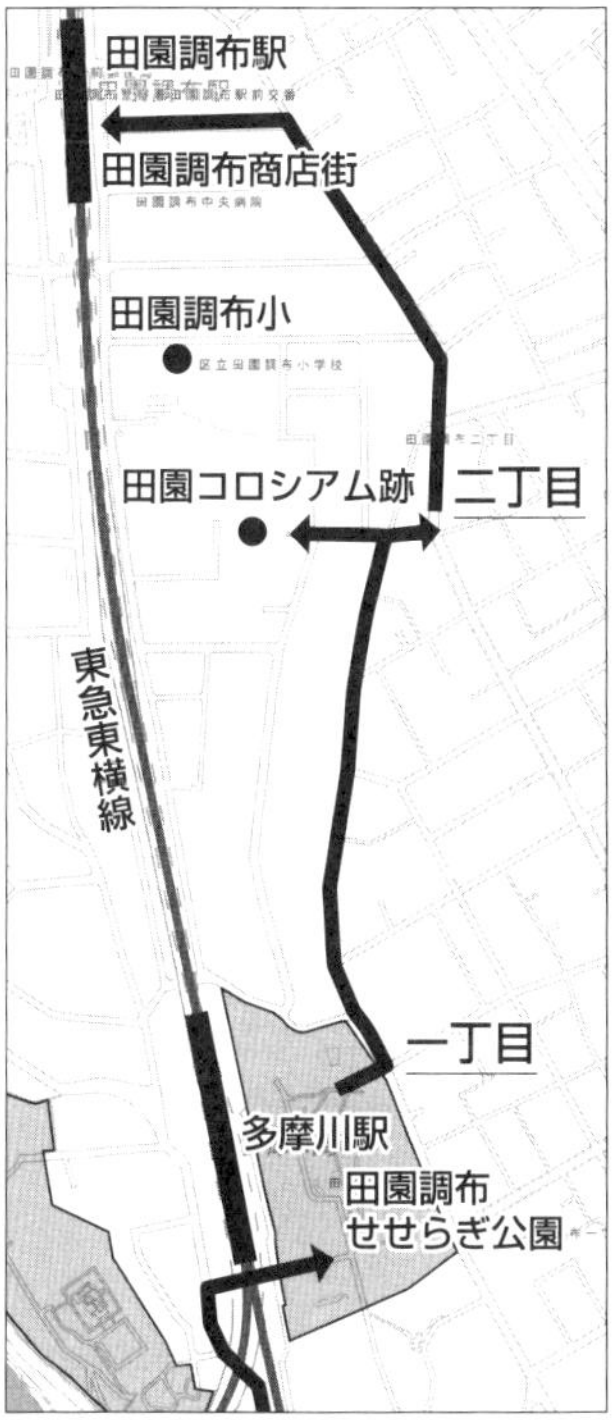

場、遊具を備えた総合娯楽施設だった。戦後は遊園地となり、昭和三十年代には年間九十万人を超える観光客を集めたが、レジャーの多様化とともに衰退し、昭和五十四年に閉園した。この跡地を整備したのが田園調布せせらぎ公園である。園内には大きな湧水池が二か所あり、緑が豊かな公園である。令和三年一月には公園内に田園調布せせらぎ館が開館し、公園内の憩いの場・地域文化活動の場を提供している。この公園を最後にツアーは解散したが、多摩川駅の周辺はレストランなどもあまりない様子だったので、時分時を少し過ぎてはいたが、多くの人は自由が丘等のもう少し賑やかなところへと向かったようだった。私は予定通り田園調布一丁目から二丁目へと歩いて行ったのである。

田園調布せせらぎ公園をもう少し丁寧に歩き、北東部の出口から出ると一丁目の住宅地である。三丁目のような超がつく豪邸街ではないが、ゆったりとした区画に、相応の豪邸が建ち並んでおり、いかにも田園調布のイメージ通りの街並みが広がっている。少し歩くと二丁目になるが、線路に面した一角に以前は田園コロシアムがあったと聞いていたので、どうなっているかを見に行った。テニスのデビスカップを観戦した記憶が懐かしかったのだが、施設の老朽化に伴い平成元年（一九八九）に閉鎖解体され、跡地の一部はテニスクラブになっているものの、多くはマンションになっており、昔年の面影はすっかり消えてしまっていた。建設当初は複合商業施設であったので、三丁目の住宅地に対し二丁目は商業地として設計されたということもうなずけるのである。

そこで少し東に進み、地図に田園調布商店街と書かれている道に出て北上したが、商店街というような派手な印象は全く無かった。むしろいかにもゆったりと落ち着いた高級住宅地と呼ぶにふさわしい街並みが広がっている。この道を北西の方向に向かい、左手奥に田園調布駅前が見える角で左折して駅に向かった。ここから初めて商店街らしい商店街が続く。駅に着いたが田園調布の街を離れがたい気分だったので、駅前の喫茶店で暫し休憩してから帰宅の途に就いた。

渋谷駅〜代々木〜駒場〜青葉台〜中目黒駅
「春の小川」跡〜玉川上水緑道〜三田用水跡〜目黒川

２０２２年　５月記

はじめに

　今回の散策は渋谷駅から出発し、先ず渋谷川の支流で暗渠になっている宇田川の跡を遡り、更に支流の河骨川《こうほねがわ》（童謡『春の小川』のモデル）の源流跡に達する。更に遡ると、甲州街道に沿った尾根道に辿り着く。そこに流れていたのが玉川上水であり、現在は暗渠になって遊歩道として整備されている。玉川上水緑道を遡り、京王線の幡ヶ谷駅を過ぎた辺りで、一ブロック南に行くと国際協力機構東京国際センターがある。その庭にある湧水と池が宇田川本流の水源なのである。

　再び玉川上水緑道に戻り、北西方向に反転している緑道に沿って笹塚駅の方向に進むと、途中に玉川上水から三田用水への取水口跡がある。その後三田用水の水路跡に沿って、まずは中野通り（の延長）を、次いで山手通りに沿って歩いた。三田用水も玉川上水同様尾根伝いに建造されたものであるが、同時に渋谷区と先ずは世田谷区と、次いで目黒区との境界になっている。三田用水は概ね山手通りから旧山手通り、さらに三田・白金方面へと流れていたのであるが、今回の散策では目黒区青葉台で尾根から離れて目

黒川へと下って中目黒駅に至ったのである。

今回の散策のルートは、宇田川の系統は全て暗渠とされており、玉川上水跡は緑道として整備されているが、三田用水に至っては殆ど跡形もないというのが現状である。歩く距離としては結構長いものになったわりには、歴史的に著名な神社仏閣があるわけでもなく、比較的地味で単調なコースであったが、救いとなったのは随所に咲き残っていた桜である。特に目黒川の桜は、少し盛りを過ぎていたとはいえ、まだまだ十分に観賞に堪え、平日であったにもかかわらず、かなりの人出であった。さらに、玉川上水緑道は四月下旬にも歩いたが、その時は花の盛りであった。

今回のルートは、何年か前に参加した東京シティガイドクラブの複数のツアーを組み合わせて、自分流にアレンジしたものである。

渋谷駅前・宇田川・河骨川（春の小川）

渋谷区の大きな川の流れとしては、新宿御苑（ほぼその中央が新宿区と渋谷区の境界になっている）に端を発する**渋谷川**が、ほぼ明治通りに沿って流れて渋谷駅の付近を通り、天現寺橋を過ぎて港区に入ると古川と名を変えて芝公園の南を通り、最後は東京湾へと注いでいるのである。渋谷駅付近より上流の渋谷川は、現在は全て暗渠化されている。**宇田川**は、代々木公園などの丘を挟んでY字形に流れて渋谷駅付近で渋谷川に合流している。宇田川は全て暗渠化されている。渋谷川・宇田川には幾筋もの支流があるため、渋谷区の地形は起伏が多く複雑なものになっている。

渋谷駅付近における宇田川の旧水路は、宇多川交番の手前を南に進み、センター街を斜めに横切って文化村通りを経由して、スクランブル交差点の辺りを通ってＪＲ山手線のガード下辺りで渋谷川に合流していた。ところがこの水路がたびたび氾濫を起こしたため、昭和八年頃、現在の井の頭通りの下に新水路が始めから暗渠で建設された。このため、この道路の両側にある西武百貨店のＡ館とＢ館は地下では繋がっていないのである。後日、井の頭通りから文化村通りにかけての一帯の地形を見て歩いたら、文化村通りの土地が一番低く、宇田川が文化村通り～道玄坂下～スクランブル交差点を経て渋谷川に合流するの

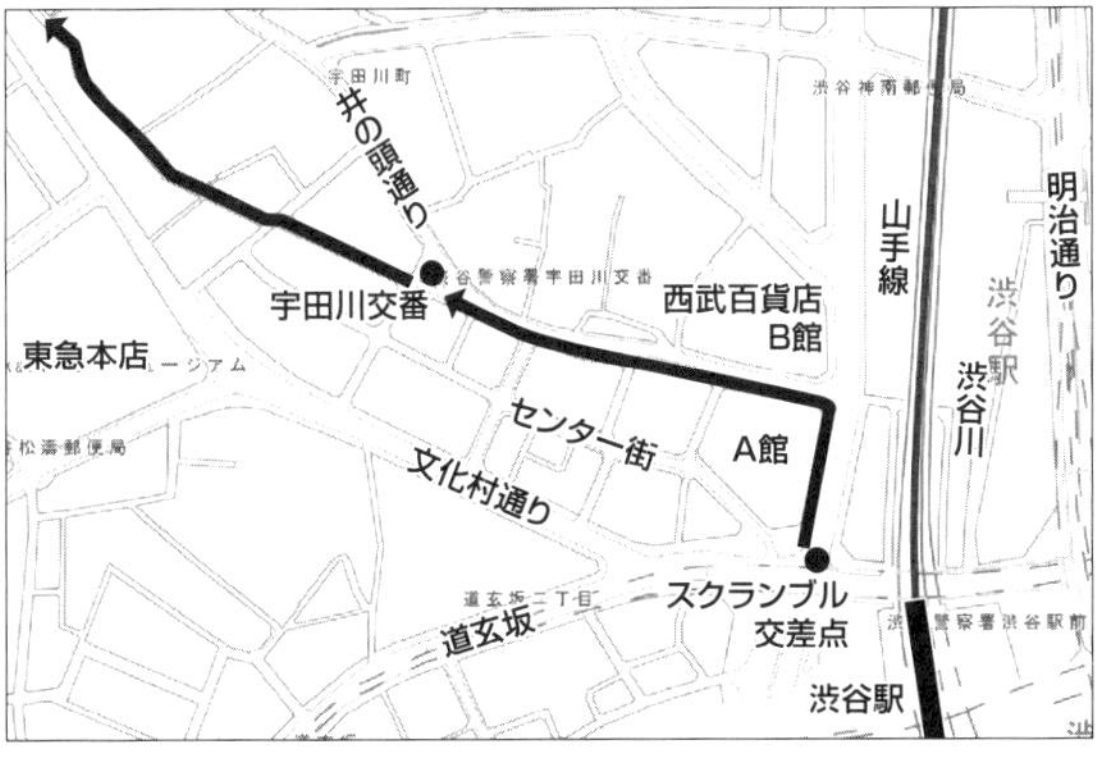

が自然の流れであることが確認できた。その流れを井の頭通りの方に変えるためには、土地を掘り下げて暗渠にする必要があったことも納得できたのである。

　ツアーの一行は、渋谷駅前から出発してスクランブル交差点を渡り、真っ直ぐ北の原宿方向に進み、西武百貨店のA館とB館の間の井の頭通りへと左折した。この地下に暗渠の宇田川が流れていることを感じつつ進むと、宇田川交番の所で道は二股に分かれる。右の太い道が井の頭通りで、左の道（宇田川通り）が宇田川の流路だったのである。宇田川通りを北西の方向に進むと、二ブロックほどは渋谷センター街の商店街であるが、商店街が途切れると、左側が車道、右側が歩道になっていてガードレールで仕切られている道になる。ガードレールの根元のコンクリートは、川の護岸の名残だそうである。さらに進むと、中小のビルやアパートなどに挟まれた、**宇田川遊歩道**になる。路面にはモザイクのようにブロックが敷かれ、両側には植込みがある。横切る道路や駐車場などで右側の視界が開けると、ほぼ並行して走っている井の頭通りの向こうに、先ず**ＮＨＫ放送センター**が、次いで織田フィールドなどがある緑に囲まれた小高い丘が見える。さらに進み、西向きに方向を変えた井の頭通りを横切ると、商店街の正面に小田急線の代々木八幡駅が見えてくる。

　代々木八幡駅の手前を右に曲がり小田急線に沿った小径に出ると、そこが暗渠になった**河骨川**《こうほねがわ》であり、**「春の小川」**はここから始まる。道幅は一・五メートル程で、所々にマンホールがあり、暗渠であることが解る。左側が小田急線の線路で右側は小高い土手になっている。暫く歩いて行くと、土手の上には道路が接し、その向こうに少年野球場が見えて来るので、その近くの階段を上って道路に出ると、土手側の道路際に**「春の小川」の歌碑**がある。少年野球場などがあるこの公園は「はるのおがわプレーパーク」と呼ばれているようだ。小学唱歌『春の小川』は、明治四十二年

（一九〇九）から近くに住んでいた高野辰之（一八七六～一九四七、国文学者・作詞家）が大正元年（一九一二）に発表したものである。当時この一帯は一面の田園地帯であり、高野は辺りの風景を愛してしばしばこの川のほとりを散策したといわれている。この歌碑は地元の篤志家が建設し渋谷区に寄贈されたものである。なお、高野が現在の長野県中野市出身であることから、『春の小川』は高野の地元である長野県内のことではないかとする説もあるようだ。

この後代々木公園沿いを走る井の頭通りの延長線上にある大きな通りを渡って、**国立オリンピック記念青少年総合センター**（青少年に学習と体育活動の場を提供する社会教育施設）で小休止した。同センターは一九六四年の東京オリンピックの際は女子選手村として使用され、ワシントンハイツ時代は独身将校用宿舎であった。その後歩道橋を渡って小田急参宮橋駅前の踏切を渡る。河骨川は踏切から一五メートル程代々木八幡駅に寄った所で小田急線の下を潜っていたのであり、踏切に入る直前に、橋の欄干の一部や四角い鉄板の蓋などの河骨川の痕跡が残っているのが見える。

踏切を渡って線路沿いの小径を戻ると、河骨川の痕跡が見えた所の線路を隔てた対岸から始まる道がある。それが**春の小川の道**なのである。遊歩道のようには造られていない普通の道だが、所々の電信柱に「春の小川・この通り」とか「春の小川・水源この先」といった看板が取り付けられている。切通しの坂と呼ばれる急こう配の坂道を横切って上ると**河骨川の水源**に到達する。河骨川の水源は、土佐藩山内侯爵家の庭園の池であった。元々はこの南側に広がっていた水田の灌漑用水だったようだ。今では周辺はすべて宅地化が進み、当時の面影は全く残っていない。ツアーの時には体育進学センターの看板が掛かったビルの辺りに屋敷があったとの説明を受けたが、現地には案内板や案内柱の類は何もない。歴史散歩愛好家が電信柱の表示に従って訪れる場合には、最後の段階で迷い、失望する結果になるのである。

玉川上水旧水路緑道・宇田川水源池（国際協力機構）

河骨川の水源を離れて坂道を更に上り、突当りのジグザグの階段を上ると、立派な木が両側に並木をなしている緑道に出る。これが**玉川上水旧水路緑道**である。玉川上水は、江戸の飲料水確保のため、一六五三年に、多摩川の上流の羽村から四谷大木戸までの全長約四三キロメートルに渡って、高低差約九三メートルの所を、尾根伝いに自然に流れるように設計されて築造された。その後、明治三十二年の淀橋浄水場の建造に伴い、玉川上水を代田橋付近から淀橋浄水場まで結ぶ、甲州街道の北の現在の都道４３１号線（水道道路）に新水路が築かれた。このためこの日歩い

た範囲（初台付近から笹塚付近まで）は玉川上水の旧水路にあたる。玉川上水旧水路緑道は、この玉川上水旧水路が昭和四十一年（一九六六）に暗渠化した後につくられた緑道である。他方、新宿駅の付近から幡ヶ谷駅の付近まで京王線が玉川上水のすぐ横を走っていたが、これが完全に地下化したのは昭和五十三年（一九七八）のことであり、それ以降に、緑道は現在の幅に拡幅されたものと思われる。

　玉川上水を道路が横切っていた所は、今でも橋の親柱や欄干が残っている所が多い。四月の初めに歩いた時は、所々にある桜の花の残り具合ばかりに目が向いた。四月下旬にもう一度歩いた時には、桜の木はすっかり新緑になっていたが、ツツジの花が特に目についた。ハナミズキも咲いていた。白い花をつけたハナミズキの枝に鳥が止まり、時々隣の桜の木に生っている、まだすっかり色づいてはいないサクランボの実を、摘んではハナミズキの枝に戻って飲み込んでいるのが見えた。しばらく眺めていたが、鳥の動きは一瞬のことであり、木に止まっている姿ですら写真は撮れなかった。立派なキンモクセイの並木もある。

　京王線の幡ヶ谷駅を過ぎた辺りから、玉川上水は甲州街道及び京王線から少し離れて南西の方向に向かう。その一ブロック南に国際協力機構（JICA）東京国際センターがある。JICAの正面玄関を入り、受付で訪問者登録を済ませてから、庭に出て鬱蒼とした木立の中の斜面を下って行くと、その先に小さな池がある。柵で囲われているため池の至近には近寄れなかったので、湧水は確認できなかったが、池からは小川が流れ出ているのが見える。ここが**宇田川本流の水源**なのである。西原・初台には多数の窪地や谷地が密集しており、宇田川本流の水源地になっている。かつて西原から初台にかけてのこの辺りを、「宇陀野」と呼んでいたことから、宇田川の名前になったともいわれる。河骨川の水源地となっている代々木の斜面と併せて、この地域一帯は細かい谷筋が樹枝状にひろがっており、「代々木九十九谷《つくもだに》」と言われたのである。

　丁度時分時になっていたので、JICAのカフェテリアで昼食を摂り、しばし休憩した。

三田用水の取水口跡・三角橋・東大先端科学技術センター正門前・駒場公園・東大駒場キャンパス・東大裏水路遺構・石橋供養碑・西郷山公園

JICAを出て東京消防庁消防学校の脇を通って、再び玉川上水緑道に戻った。玉川上水はこの後中野通り（の延長）を横切ったところで北向きに反転し、笹塚駅の方向に向かう。中野通りを過ぎて遊歩道に沿って五〇〇メートルほどの区間は、世田谷区が渋谷区に張り出した形になっている部分であるが、ツツジが花盛りで、色とりどりの草花が植えられた花壇もあり、また藤棚はたわわな花房を付けていた。**三田用水の取水口**は玉川上水のこの区間にあったのである。

三田用水は、一六六四年に麻布・伊皿子方面の上水の供給を目的に、下北沢村（現・世田谷区北沢五丁目）で玉川上水から分水した三田上水を始めとしている。後に一七二四年には、灌漑用の三田用水として転用されて流域を潤し、明治に入るとビール工場や水車動力などの工業用水としても利用されるようになった。しかし、関東大震災以降の都市化による農地の減少や水道への切り替えなどが進み、用水の需要が減少したため一九七〇年代に廃止された。日本麦酒は明治二十二年（一八八九）から三田用水の二〜三割ほどを利用していたが、水質維持のため昭和四年（一九二九）から施工主となって、内径八〇センチメートルの鉄筋コンクリート製のヒューム管を埋め込み、取水口から恵比寿の日本麦酒分水口までを暗渠化した。工事は昭和十三年（一九三八）に完成し、昭和四十九年（一九七四）まで利用していたのである。

三田用水は渋谷川の水系と目黒川水系の間の稜線に沿って流れていたが、その流路は現在では、始めは渋谷区と世田谷区との境に、次いで目黒区との境になっており、道路としては、概ね中野通り（の延長）・山手通りから旧山手通りに平行した形になっている。

取水口跡から三田用水跡の細い道を歩き、井の頭通りとの交差点（大山交差点）を過ぎて三〇〇メートルほど進むと、小田急線東北沢駅がある。東北沢駅の地下化に伴い、地上駅舎と駅前の整備が平成二十八年（二〇一六）に完成したことを受けて、かつて駅前を流れていた**三田用水の案内板**が駅舎の横に立てられた。東北沢駅から二〇〇メートルほど南に歩くと**三角橋**の三叉路がある。ここで渋谷区・世田谷区・目黒区の三区が接している。さらに道なりに二〇〇メートル程東に歩くと**東京大学先端科学技術研究センター**がある。その正門前の植込みの中に昭和三、四年頃の一対の欄干が残っている。

さらに二〇〇メートル程歩いたのち一ブロック南に下ると**駒場公園**がある。駒場公園は、旧加賀藩前田家十六代当主利為《としなり》侯爵（一八八五〜一九四二）が、当時駒場にあった駒場農学校（のちの東京大学農学部）と本郷にあった第一高等学校の敷地交換の一環として、本郷の東京帝国大学の敷地拡大のため、この地に本邸を築いたことに端を発する。建物は、昭和初期の和洋両建築の粋を集めたもので、化粧レンガやタイル張りの施された洋館は昭和四年、書院造の和館は昭和五年に完成した。終戦とともに占領軍に接収され、連合軍司令官の官邸などとして使われた。現在の公園は昭和四十二年に東京都が開園し、昭和五十二年に目黒区に移管された。公園面積は約四万平方メートルである。和館の前には和風庭園がある。公園の南半分の洋風の庭園では、芝生広場を取り囲んで植わっている桜の木が、盛大に花を付けていた。学校が春休み中の昼過ぎだったからか、年寄り・子供の一団や母子連れのグループで賑わっていた。本邸の和館および洋館は、平成二十五年に国の重要文化財「旧前田家本邸」として指定された。また、公園の最北の部分には、校倉風の日本近代文学館が設置されており、近代文学に関する資料が閲覧できるようになっている。

　駒場公園を出て四〇〇メートル程東向きに歩くと**東京大学駒場キャンパス**運動場に面した裏口がある。そこから入ると野球場とラグビー場の間の土手の桜は、最盛期を過ぎていたとはいえ、まだまだ立派な桜のアーチになっていた。地面は桜の散った花びらで半ば覆われていた。また、野球場の奥の土手には枝垂桜の列が遠目に見えた。近所の人と思われる見物人がちらほらと見かけられた。

　山手通りに出て南東方向に進むと、塀際に**東大裏水路遺構**がある。そのあたりの地形が窪んでいたため、塀際にコンクリートで嵩上げした暗渠の遺構なのである。上に取っ手の付いた点検口があり、内部には分水量を一定に保つための堰があるとの説明を受けた。側面には小さな穴があるが、これは鍋島松濤公園～東急本店を経て宇田川へと流れていた分水口の跡である。

　この後山手通りから一ブロック西に入った細い道を歩いた。そこが三田用水の跡であり、また、渋谷区と目黒区の境界でもある。その時突然道の右側の視界が開け、遠くから掘割状のところを進んできた二本の線路が道の下に潜り込んでいるのが見えた。

　ついに見つけた!!　井之頭線の駒場東大前駅と神泉駅の間にあるトンネルの入口はここだったのか!!

　実は筆者は子供のころから、この入口がどこなのかを、この路線の電車に乗るたびに気に掛けていたのだ。期せずして長年の懸案がかなったので、思わず興奮し、写真を何枚も撮った。しかし入口の真横の斜め上の一か所からしか撮れなかったので、どの写真も似たようなもので、残念ながらトンネルの穴までは写っていない。それでも一枚だけ、渋谷行きの電車が、トンネルに完全に吸い込まれる直前の、最後尾を写すことができたのはラッキーだったと

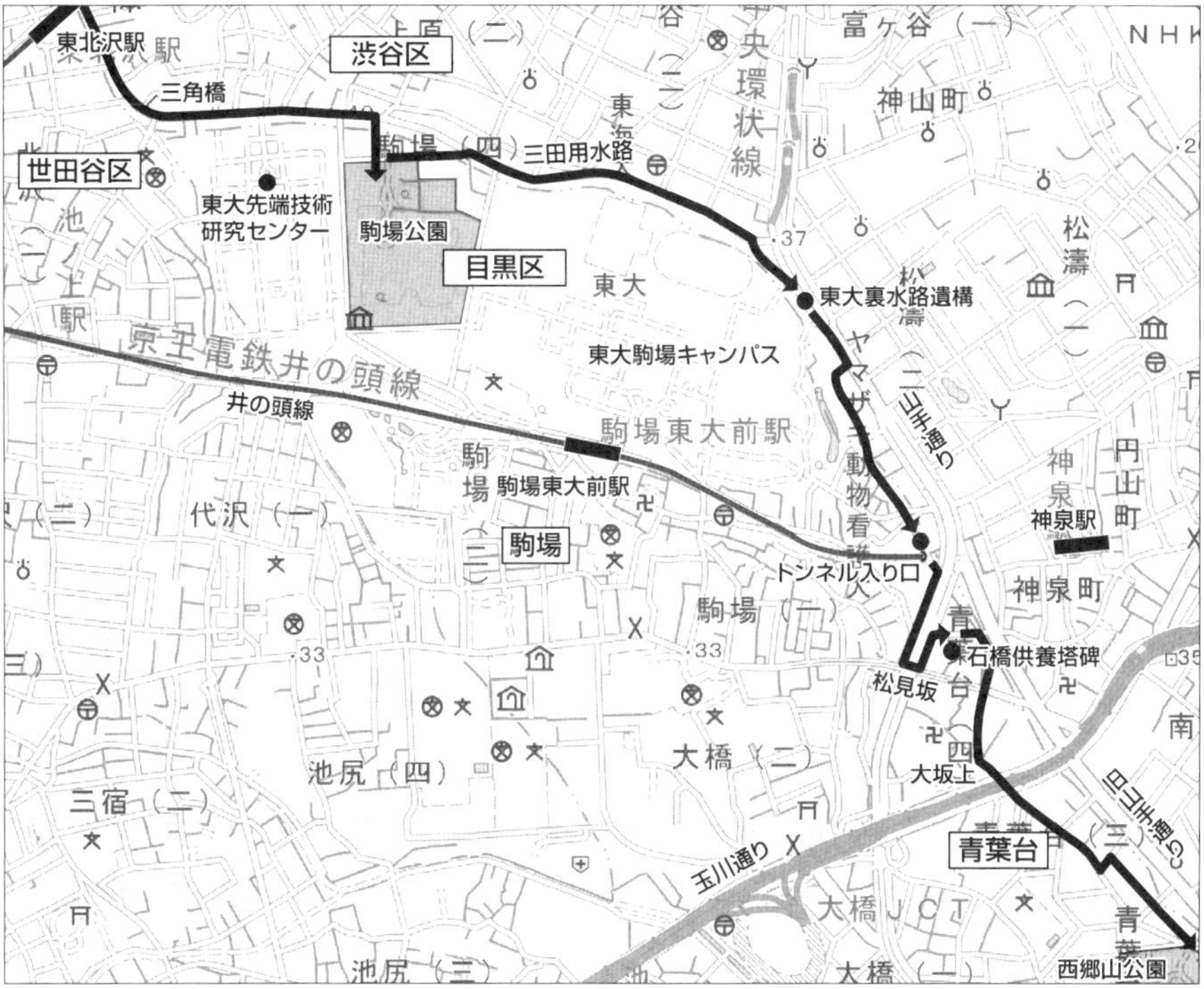

思っている。

　トンネル入り口の上を過ぎるとすぐに南向きに方向を変えた山手通りにぶつかるが、横断歩道を渡るために一旦松見坂の交差点まで下らなければならない。横断歩道を渡ると青葉台になる。また元の稜線に戻って少し歩くと**石橋供養塔碑**がある。碑に刻まれた文字から、この辺りの尾根筋を流れていた三田用水に架かる石橋に感謝する内容であったことが解る。碑の正面上部には梵字が刻まれ、下部には三田用水沿いの中目黒村・白金村・北品川村など十三か村の名が刻まれている。碑の右面には若林村・経堂村・上祖師谷村など二十余か村の名が、左面には建立に尽力した人と石工の名が刻まれている。この碑が置かれていた前の道は、道玄坂上で玉川通りから分かれて調布市で甲州街道に合流する「滝坂道」と呼ばれた古道の一部にあたる。安全に通行できる堅牢な石橋が人々の生活に極めて重要であったことが窺われる。若林からそれほど遠くない所で小・中学校に通い、現在は経堂に在住している筆者は、渋谷から経堂までの滝坂道の道筋はおよその見当がつくので、この石碑には大層興味をそそられた。

　石橋供養塔碑を過ぎて稜線の道を二〇〇メートルほど歩き、大坂上のバス停付近で玉川通り（国道246）を跨ぐ歩道橋を渡ってさらに四〇〇メートル程歩くと、**西郷山公園**に到達する。この地は西郷従道（一八四三〜一九〇二、西郷隆盛の実弟、海軍大将・海軍大臣・内務大臣等）が、郷里鹿児島に帰った兄隆盛の再起を願って明治十年（一八七七）に入手したものである。しかし西南戦争によりそれが実現しなかったことから、従道自身の別邸として利用されることになった。当時は約六万平方メートルの敷地に、洋館・和館などが建てられ、池のある回遊式の庭園は東都随一の名園と謳われ、明治天皇や政財界・外国の高官も訪れて華やかな社交の場となったそうだ。西郷家の邸宅として昭和十六年まで使用された。昭和五十六年（一九八一）に約一万平方メートルが目黒区の管理する公園となり、西郷山公園と呼ばれるようになった。目黒区内の桜の名所でもあり、筆者が訪れた時にも満開を少し過ぎてはいたが、十分に見ごたえがあり、たくさんの人出で賑わっていた。また、ここから見える富士山の眺望も特筆に値するもののようだ。南西方向を向いた斜面の上の高台には、「目黒は起伏に富み、富士の眺めの良いところが多い。浮世絵、江戸名所図会にも描かれた。冬の晴れた日、ここから見える富士は、当時のなごりをとどめている」と書かれた案内板が立っている。

目黒川

西郷山公園を最後に稜線の三田用水に別れを告げ、ひたすら坂道を下って**目黒川**の河畔に出た。側面が深く垂直に切り立った川の両側に道路があり、植込みの間にほぼ等間隔に桜の木が植えられている。一九八〇年代にこの近くに住んでいた筆者がこの地を離れるころ、この辺りの目黒川は、護岸改修工事のため桜がどんどん伐られていくと聞いたので、勿体ないなあと思っていた。その後三十年余りの歳月を経て桜は立派に成長しており、今では東京の新しい桜の名所になっているようだ。毎年桜の季節になると、桜見物の人出の賑わいとともに、テレビのニュースでも取り上げられている。特に多数ある橋から見る桜の花のアーチは、眼下の川の流れとも相俟って、独特の景観だと思われる。花の盛りを少し過ぎてはいたが、木により枝により鮮やかな花をいっぱい付けているものがあり、橋ごとに上流と下流の桜のアーチを楽しむことができた。芸術写真？も多数撮れたと自己満足もした。平日の午後ではあったが、週末の悪天候で足止めを食ったのでダメモトで来たであろう人も含め、かなりの人出があったが、皆それぞれ満足しているように思われた。途中、目黒川を見下ろすワインバーでのどを潤し、田園都市線のガードを潜った所の橋の上から、より下流の様子を眺めてから、中目黒駅より帰途に就いた。

三軒茶屋〜用賀

新旧大山街道を歩く

2022年 8月記

大山街道とは

大山街道は、江戸時代に東海道と甲州街道の間を江戸に向かう脇往還（五街道などの本街道以外の支街道で、休泊機能の備わった道）として整備された。江戸の赤坂御門を起点とし、青山・渋谷・三軒茶屋・用賀・瀬田を経て、多摩川を二子で渡り、多摩丘陵・相模野の中央部を横切り、伊勢原・市米《いちごめ》橋を経て大山山頂の阿夫利神社へ至る道であった。この道を江戸時代中期以降、江戸の庶民が大山詣での道として盛んに利用した。五街道と違って正式な名称はなかったので、庶民の間では大山道《おおやまみち》として親しまれたのである。また、この道はタバコ・鮎・生糸・炭など相模地方の産物を江戸に送る道でもあり、沿道には人馬継ぎ立て場として二子・溝口・長津田・下鶴間・国分・厚木・伊勢原など十七の宿場があった。幅員は三間（五・五メートル）で両端には雑草が生え、泥道や坂道も多い道であった。現在の国道246号線は概ねこの大山街道に沿っている。

大山街道は、矢倉沢往還という古代・中世から存在した古い道の一部分であった。矢倉沢往還は、伊勢原・市米橋から足柄峠手前の矢倉沢関所まで通じていた。その先は足柄道・甲府往還の御

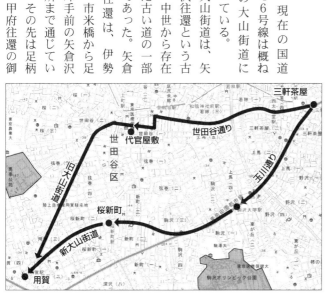

殿場・小山を経て沼津で東海道に合流していた。この道は、参勤交代や早馬など交通の頻繁な東海道を避けて、町人や一般の人々の交通のための街道として利用されていたのである。

この大山街道の内、三軒茶屋から用賀までの区間は、「旧大山街道（上町線・代官屋敷前経由）」と、文化文政期頃に開通したといわれる「新大山街道（新町線・桜新町経由）」とがある。本稿は東京シティガイドクラブの、新旧両道を歩いた二度にわたるツアーを元に、まずは三軒茶屋から旧大山街道を辿って用賀まで歩き、次に新大山街道を辿って同じ区間を歩いた記録を取りまとめたものである。必要に応じ若干の補足を行った。

（Ⅰ）旧大山街道（上町線・代官屋敷前経由）

三軒茶屋・大山道の道標・キャロットタワー・駒留八幡神社・常盤塚

渋谷方面から玉川通り（国道２４６）を下ってくると、三軒茶屋で世田谷通りが分岐する。この分岐点付近に信楽《しがらき》屋（後に石橋楼）・角屋・田中屋の三軒の茶屋が並んでいたことが三軒茶屋の名前の由来であり、元禄年間に名付けられたといわれる。信楽屋は現在の道標の隣に在ったようである。また、世田谷通りを渡って、茶沢通りの角近くには今でも田中陶苑という看板が掛かっている店があり、田中屋の末裔であるとされる。この分岐点に**大山道の道標**がある。総高二・四メートルで、正面に大山道、向かって右側面に「右富士・世田谷・登戸道」、同じく左側面に「此方二子道」とあり、上に不動明王石像が載っている。大山街道はこの三叉路で、代官屋敷前経由で用賀に至る旧道（上町線）と、桜新町経由で用賀に至る新道（新町線）とに分かれていた。新道は文化文政期（一八〇四〜一八二九）に成立し、次第にこちらが本道になってきたようだ。この道標は一七四九年に建立され、一八一二年に再建されたものである。現在この道標は南向きに設置されているが、先の様な石像の記述に照らして考えれば、像はこの位置に渋谷側に向かって建てられていたものと解される。

世田谷通りを西の方向に進むと**キャロットタワー**がある。三軒茶屋駅周辺の再開発事業により一九九六

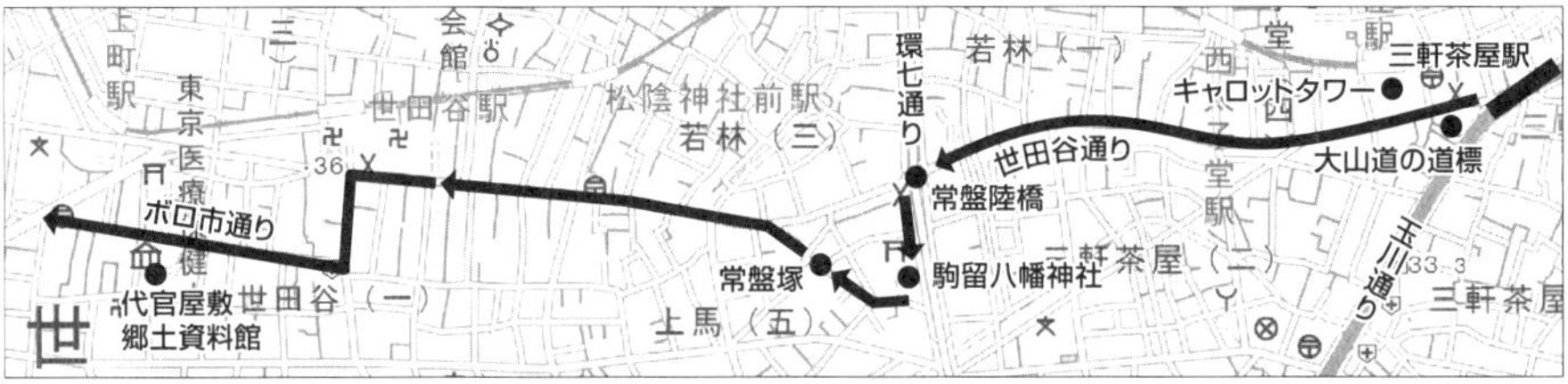

年に完成した、商業施設・オフィスフロアー・会議室・住民票等の発行を行う行政施設に加えて、「世田谷パブリックシアター」や「シアタートラム」といった文化施設などを含む複合施設となっている。地上二十七階で高さ一二四メートルの建物であるが、建設中の外壁がニンジン色に見えたところから、区内中学生の応募によりキャロットタワーと名づけられた。

世田谷通りをさらに進み、掘割になっている環七通りに架かる常盤陸橋を渡ってすぐ左折すると、程なくして**駒留八幡神社**がある。鎌倉時代の一三〇八年、領主の北条左近四郎が八幡宮を勧請するのに、馬の留まる所こそ鎮座の地であると祈祷して馬を放したところ、この地に馬が止まったので駒留八幡宮と名づけたという伝説がある。その後、戦国時代に世田谷城主吉良頼康は、寵愛していた妊娠八か月の側室常盤姫を、他の側室などの嫉妬による不義の讒言を真に受け、殺害を命じた。後に無実を知り、八幡宮に一社相殿として祀り若宮八幡と称し、またその母常盤を弁財天として厳島神社に祀ったといわれる。

駒留八幡神社から住宅地を数分歩くと、住宅の間の僅かな敷地に常盤塚がある。正面に**常盤塚**と刻まれた大きな自然石があり、手前の「伝承史跡常盤塚」の碑には常盤の辞世「君をおきて仇し心はなけれども　浮名とる川沈み果てけり」が刻まれている。不義の讒言に頼康は激怒し、身の危険を感じた姫は城から脱出したものの、この辺りで追手に囲まれ自害したという。その前に飼っていた白鷺に辞世の句を結び付け、実家の奥沢城に向けて放した。それを偶々奥沢城の近くで狩をしていた頼康の矢が射落とし、辞世の句を読んで常盤姫の無実を知ったのである。そこで城に帰った頼康は常盤姫とその子を丁重に葬った。他方、策を謀った側室十三人は打ち首にし、その墓は十三塚と呼ばれたそうだが今は残っていない。さらに、白鷺が死んだ所には、鷺の形に似た白い花が咲くようになり、サギソウと呼ばれた。現在自生地は無いが、九品仏浄真寺など各地で栽培されている。また、世田谷区では昭和四十三年区民からの公募で、サギソウを区の花に制定したのである。さらに、この近くに常盤に因んだ常盤橋と呼ばれた橋があり、江戸名所図会にも描かれている。世田谷通りが環七通りに架かる陸橋が常盤陸橋と呼ばれるのも、この常盤に因んだものと思われる。

この常盤伝説に関し、『世田谷の歴史と文化』（平成二十六年、世田谷区立郷土資料館編集・発行）には、「この常盤という姫は架空の人物に過ぎない。ところが、物語に登場する人物・寺社の多くが実在するため、真実味を帯びて人々に語り継がれ、やがて、この伝説にまつわる名所・旧跡まで現れる程の人気を博すこととなったのである」と記述されている。

ボロ市通り・世田谷代官屋敷・郷土資料館

　世田谷通りをさらに十分程歩き、世田谷線の世田谷駅の辺りで左折して並行する一本南の道がボロ市通り（これが大山街道）である。一五七八年に小田原城主北条氏政が世田谷新宿に楽市を開いたのがボロ市の始まりといわれる。江戸中期頃から、野良着の継《つ》ぎ接《は》ぎやわらじに編み込むためのボロが盛んに取引されたのが、ボロ市の名の由来である。現在では、十二月と一月の、十五・十六日の四日間開催され、家庭用品・衣料品・骨董品・玩具・食料品・古本・中古ゲームソフトなどを売る露店が、ボロ市通りを中心に約七百店舗、来場者数十万人という活気のある市で賑わうのである。筆者が三十数年前に家族連れで訪れた時は、人がごった返して移動も難しく、同行者とも直ぐにはぐれそうになったものだ。東京都指定無形民俗文化財になっている。

　ボロ市通りの中ほどに**世田谷代官屋敷**がある。一五七二年、小田原の北条氏政が矢倉沢往還に世田谷新宿（上宿・横宿・下宿）を設け、氏政の命で世田谷吉良氏の重臣であった大場氏がこの地に居を構え、宿場と楽市の経営に当たっていた。江戸中期以降、屋敷は彦根藩世田谷領二十か村の代官を世襲した際の役宅となり、大場代官屋敷とも呼ばれた。大名領の代官屋敷としては都内唯一の存在であり、そのことにより都史跡に指定されている。また同家所蔵の古文書は一括して都指定有形文化財とされている。さらに、現存する大場家住宅主屋及び表門は、近世中期の代表的上層民家としてよくその旧態を保存し貴重な建造物であるという理由で、昭和五十三年（一九七八）住宅建造物としては都内で初めて国の重要文化財に指定された。

　代官屋敷の敷地内にある世田谷区立**郷土資料館**は、世田谷区政三十周年事業の一環として昭和三十九年に開館した都内最古の公立博物館で、世田谷区に関する区内外の歴史・民俗資料等の収集・保存・展示・調査・研究を行っている。三軒茶屋の前述したような三軒の茶屋を配した模型もある。

　旧大山街道が上町線と呼ばれたのは、代官屋敷の周辺が前述の世田谷新宿の上宿であったことから、このあたり一帯が上町といわれていたからである。しかし今では行政区画としての上町は存在しておらず、この付近を走る東急世田谷線の駅の名前として残っているだけである。

用賀口道標跡・大山道旅人の像・地蔵（道標）と馬頭観音・大山道追分・真福寺・用賀駅

　郷土資料館を出てボロ市通りを進むと、程なくして世田谷通りに合流する。世田谷通りは登戸を経て甲府方面に至る道であるが、一ブロック歩くだけで、すぐ左方向に斜め

に入る真っ直ぐの道を進む。これが大山街道であり、ここからほぼ一直線に約二キロ歩くと用賀に到達するのである。分岐点には一七四六年に建てられた**用賀口道標跡**があるが、道標の本体は、現在は郷土資料館の玄関前に移されている。この分岐点から七、八分歩き、坂を下ってかつて蛇崩川《じゃくずれがわ》の源流が流れていた所に、昭和六十年（一九八五）大山道児童遊園が開設され、**大山道旅人の像**が建てられた。水辺で休憩している旅人の姿である。

さらに十分程歩くと、四つ角のコーナーに**地蔵（道標）**と**馬頭観音**がある。地蔵は一六八二年の造立で、弦巻村の念仏講が建てたものであり、その台座が道標になっていて、左大山道・右世田谷道などの字が読める。馬頭観音そのものは失われてしまい、台座だけが残っている。ここから西方向には馬事公苑の森が見える。さらに進むと大山道追分に至る。ここが大山道の上町線と新町線が分岐する地点であり、**大山道追分の碑**が置かれている。

この辺り一帯は古くから**用賀**と呼ばれていた。鎌倉時代初期に真言宗の瑜伽《ゆが》（ヨーガ／ヨガ）の道場が開設されたことが地名の由来とする説がある。新編武蔵国風土記によれば、永禄・元亀年間（一五五八〜一五七三）に後北条氏の家臣飯田帯刀・図書父子によって開発され、江戸時代以前から大山街道の宿場町・真福寺の門前町として栄えていた。江戸時代にこの地が彦根藩領となってからは代官を務め後に名主になり、大山詣でで栄えた。明治の初年には繭糸《けんし》関係者の往来で三軒茶屋より賑やかだったようだが、大正期には東京の人口増加に伴い、飯田家は収入の多い近郊農家に転じたのである。

大山道追分から一ブロック歩くと**真福寺**がある。真言宗智山派に属し、瑜伽山真如院と号した。飯田図書により開基され、飯田家代々の墓所となった。山門は赤塗りなので、用賀の赤門寺と呼ばれている。山門を入るとすぐに庚申堂とそのすぐそばのモクゲの木の前に、「みちの辺の木槿《もくげ》は馬に喰《くわ》れけり」の芭蕉句碑がある。

この日のツアーは用賀駅で解散した。

（Ⅱ）新大山街道（新町線・桜新町経由）

大山道の道標・伊勢丸稲荷大明神・庚申塔・地蔵尊・宗円寺・駒澤大学

三軒茶屋から玉川通り（国道２４６）に沿って用賀に至るコースは、今では地下に東急田園都市線（昭和五十二年（一九七七）開業、当初は新玉川線といわれた）が走っているが、以前は東急玉川線という路面電車が走っていて、玉電の愛称で親しまれた。玉電は明治三十七年（一九〇七）、渋谷〜玉川（現二子玉川）間が開業し、地下化工事のため昭和四十四年に廃止された。

三軒茶屋の三叉路にある**大山道の道標**を観た後で、玉川通りを渡ってその南側を歩いた。旧大山道がそれほど長い区間ではないが玉川通りの南に張り出しているからである。この旧道が残っている部分は**中里通り**と呼ばれ、世田谷区内で旧大山道の名残がある貴重な部分である。まず右側の国道との間にあるのが**伊勢丸稲荷大明神**である。詳しい創建年代は不明であるが、戦国時代末期から江戸時代の初め頃の地元村民持ちの小祠が起源とされている。明治期に村内の天祖神社に遷座したが、大正期に現在地に遷座したものと伝えられている。次いで左側には一六八六年建立の**庚申塔**や、一六四五年建立の**地蔵尊**があり、やや寂れた感はあるものの、昭和の情緒の残る商店街になっている。

環七通りを渡ると**宗円寺**がある。鎌倉時代後期、北条左近太郎入道（一三一七年寂）が開基となって創建したと伝えられる曹洞宗の寺である。本尊は釈迦如来坐像である。境内に「しょうづかの御婆様」という小堂がある。江戸時代の初期の頃から、疫病よけ特に百日咳に霊験があるとされ、願をかけ病が平癒すると、そのお礼にあげる綿と茶（咳のため喉を綿で巻き、茶で潤したところから）で常に埋もれているほど参詣する人が多かったといわれる。

玉川通りの南側の歩道を歩き、駒沢大学駅を過ぎた辺りで左折して行き当たった道を右折すると左手に**駒澤大学**のキャンパスが見えてくる。駒澤大学は、一六五七年以来駒込にある吉祥寺の旃檀林《せんだんりん》を起源とし、禅の実践と仏教の研究および漢学の振興を目的とした曹洞宗の研究教育機関であったが、その後様々な変遷を経て、大正十四年（一九二五）に大学令に基づく旧制の駒澤大学へと発展して創立された私立大学である。駒沢・深沢・玉川のキャンパスに仏教・経済・法・文・医療健康科学・マスメディアスタディーなどの各学部が置かれている。野球・陸上・駅伝・サッカーなどスポーツでも有名である。

庚申堂・善養院・久富稲荷神社・駒沢給水塔と水道みち・桜神宮

駒澤大学の後、再び玉川通りに戻って北側に渡り、西に向かって歩くと、商店街の一角に**庚申堂**がある。この辺りには庚申塔が多くあったようである。

さらに西に進むと、玉川通りからY字状に、右に分岐している道路がある。この道が旧玉川通り・旧大山道であり、また旧玉電が道路上に走っていたのである。現在は地下に田園都市線の軌道が走っている。またこの辺りの町は新町であり、ここから新大山街道が新町線と言われているのである。交差点で南側に渡り、三ブロック西に進むと南側に**善養院**がある。曹洞宗の寺院で豪徳寺の末寺として江戸時代初期の一六一六年に創建されたと伝えられている。

善養院には、和尚と古狸が意地を張り合う「善養院のちんちろりん」という昔話が伝わっている。その昔、いたずら好きの古狸がいて毎朝善養院の御供え物を盗み食いしていた。和尚は古狸のいたずらに手を焼き、ある日先手を打って御供え物を隠してしまった。次の朝和尚が勤行《ごんぎょう》をしていると、どこからか「和尚さんのちんちろりん」という声が聞こえてくる。和尚は古狸の意趣返しだなとすぐに気づき、「狸のちんちろりん」と言い返した。古狸も負けずに「和尚さんのちんちろりん」と言い返し、憎まれ口の応酬が長々と続いた。夕方には古狸の声が小さくなりやがて聞こえなくなった。和尚が様子を見に行くと、おなかがすきすぎた古狸は本堂裏で死んでいたということだ。

善養院から五ブロック先に小さな鳥居がある。両側を民家に挟まれた細い参道を延々と四〇〇メートル近く歩くと**久富稲荷神社**がある。旧世田谷村の枝郷・新町村（現在の新町・桜新町）の鎮守である。昭和中期に境内の古木にふくろうが棲み着いていたことから、境内には「ふくろうのお社」が建立され崇敬を集めているほか、フリーマーケットとして「ふくろう祭り」が年二回開催され、近在の漫画家やくみつるがポスターやお守りをデザインしているということだ。

再び大山道に戻り、次の信号を渡ってさらに一ブロック北に進むと、東西南北の四辻に加えて北東南西方向の細い水道みちがあり、都合六辻の交差点がある。この交差点から北東の方向に**駒沢給水塔**が見え、またここに案内板が立っている。この二本の給水塔は大正十二年（一九二三）に建設されたもので、屋上に中央のドームを取り囲んで、それぞれ十四個、合計二十八個の装飾球がセットされ、中に白熱電球が入っている。完成後は毎夜点灯され、渋谷の道玄坂上からも望見され丘上の王冠といわれたそうだ。その後装飾球の破損も多くなり、昭和十年代以降点灯は中止されていたが、平成十五年（二〇〇三）に都水道局が修復工事を行い、毎年特定の日に点灯しているということである。

　水道みちを南西の方向に進み旧大山道に出るとすぐ右に**桜神宮**がある。神道十三派の一つ「神習教」の本祠（教庁・神殿）である。古式神道を蘇らせ受け継ぐことを目的として形成された、古式神道の神社とされる。創建は明治十五年、初代管長が伊勢神宮の筆頭禰宜であったことから、伊勢神宮との関係が深く、「世田谷のお伊勢さん」とも称されている。境内には河津桜などが植えられ、桜の名所としても知られている。

サザエさん一家の銅像・サザエさん通り・長谷川町子記念館および美術館

　田園都市線桜新町駅の入り口近くの四か所に、国民的漫画シリーズ**『サザエさん』一家の銅像**が全十一体設置されている。桜新町駅を通り過ぎると大山道から南に向かうまっすぐの道路があり、その入り口には、サザエさんの顔とともに「**桜新町・サザエさん通り**」と書かれた看板がある。『サザエさん』の作者・長谷川町子（一九二〇〜一九九二）は佐賀県に生まれ、戦後上京した後はこの桜新町に住んで、漫画を執筆していたのである。二〇〇メートルほど続くサザエさん通りの南端が二

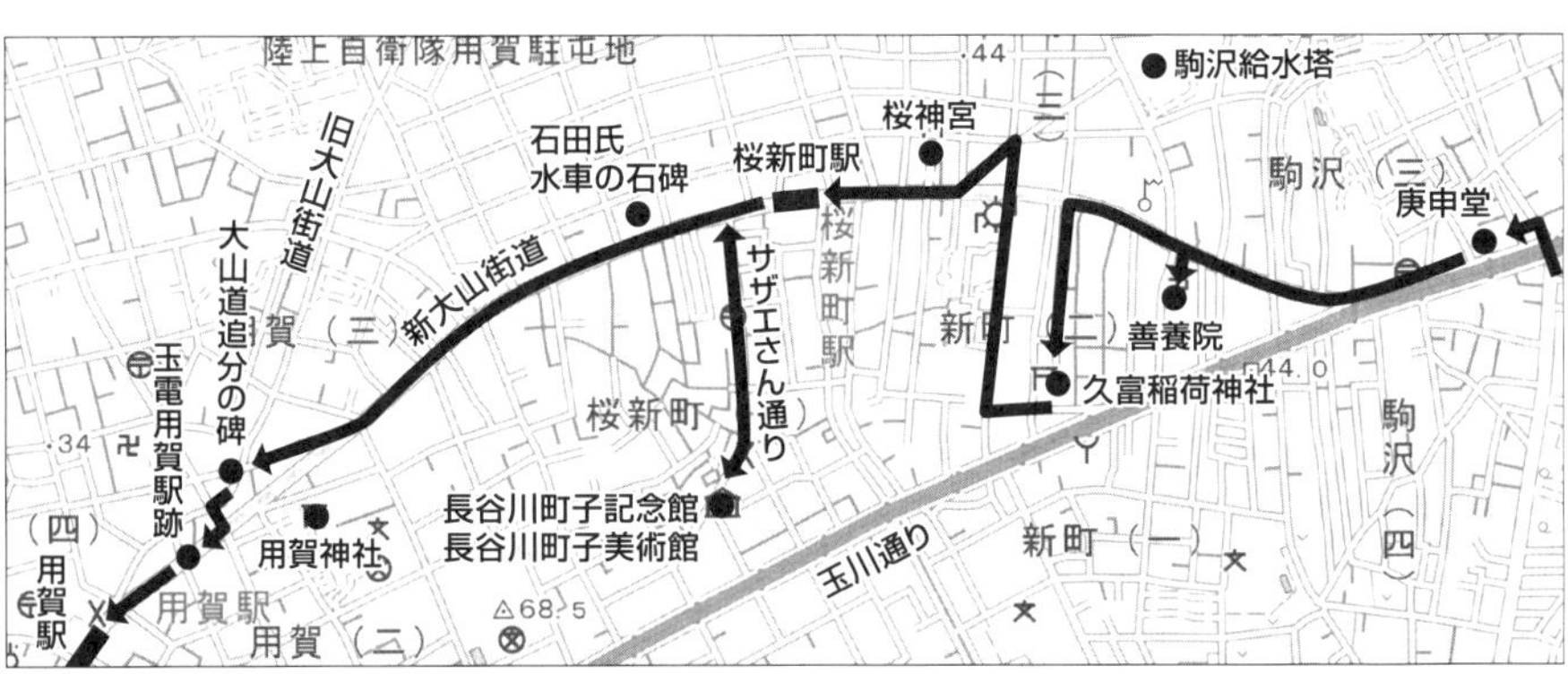

股になっていてそこの交番の前にもサザエさんの像がある。二股の右方向に進むとすぐ右手に**長谷川町子記念館**があり、町子の生涯や町子の作品を陳列した常設展示室のほか、企画展示室やショップ・カフェなどがある。記念館の道を隔てた対面に**長谷川町子美術館**がある。この美術館は、もともとは長谷川町子とその姉が買い集めた美術品を収納・陳列するためのものであるが、訪問した時は、桜新町の街並みの模型を設置して、長谷川町子の家と漫画に登場する家など幾つかを固定し、一般訪問の希望者に、鉛筆の切れ端程度の大きさの家を配って適当な色を塗らせ、自分が住みたいと思った土地に家を建てさせるという催しを行っていた。サザエさん通り以下のサザエさん関連の場所は、今回の大山街道新町コースのツアーでは立ち寄らなかったが、前回の上町コースの解散後単独で訪れていたのである。

石田氏水車の碑・用賀神社・玉電用賀駅跡の碑・世田谷ビジネススクエア

再び旧玉川通り・旧大山道に戻る。この辺りには旧品川用水が流れていたが、現在はすべて暗渠化され、痕跡は全くない。しかし付近の商店の玄関先に、**石田氏水車の石碑**とその水車をモチーフにしたモニュメントが設置されており、かつての品川用水流路を物語っている。品川用水は玉川上水に三十三あった分水の最長級のものであり、現世田谷区から品川区にかけての地域へ農業用水を供給していた用水路であった。

旧大山道をさらに西に進み、一ブロック南に進むと、**用賀神社**がある。創建年代は不詳であるが、明治四十一年（一九〇八）に当地にあった天祖神社に、近隣の幾つかの神社を合祀し、地名をとって用賀神社と改称したものである。

旧玉川通りをさらに西に進むと、**玉電用賀駅跡の石碑**がある。玉電用賀駅は明治四十年（一九〇七）玉電の開通とともに開業し、玉川線の地下鉄道化計画による地上線廃線により昭和四十四年（一九六九）に廃止されたのである。現在の用賀駅は、昭和五十二年（一九七七）新玉川線の地下駅として再開業した。平成十五年（二〇〇三）、駅に隣接した旧玉川線車庫跡地に**世田谷ビジネススクエア**（二十八階建ての超高層ビルを軸に八棟の建物からなる商業・業務施設）が完成した。

東急田園都市線用賀駅でこの日のツアーは解散した。

用賀〜二子・溝口

続・大山街道を歩く

2022年11月記

大山街道は、江戸の赤坂御門を起点とし、渋谷・三軒茶屋・用賀・二子・溝口《みぞのくち》・伊勢原を経て大山山頂の阿夫利神社へ至る道であった。江戸時代中期以降、江戸の庶民が大山詣での道として盛んに利用したことから、庶民の間で大《おお》山道《やまみち》として親しまれた。同時にタバコ・鮎・生糸・炭など相模地方の産物を江戸に送る道でもあった。現在の国道246号線は概ねこの大山街道に沿っている。

前回はこのうち三軒茶屋から用賀までの区間を紹介した。今回は用賀から二子で多摩川を渡り川崎市の溝口まで歩いたのである。このうち用賀から多摩川に至るまでの区間には、慈眼寺《じがんじ》線と行善寺《ぎょうぜんじ》線という二つのルートがあった。いずれのルートも東京シティガイドクラブの、二度にわたるツアーに参加した時の記録をもとに取りまとめたものである。

用賀駅・谷沢川（田中橋）・延命地蔵・慈眼寺線（庚申塔・慈眼寺・瀬田玉川神社・国分寺崖線・六郷用水跡・大山道の碑・二子の渡し跡標柱）

用賀駅は明治四十年（一九〇七）玉川電車（通称玉電）の開通とともに開業した。当初は多摩川の砂利を運んだのでジャリ電とも呼ばれた。昭和四十四年（一九六九）に地下鉄化による玉電の廃止に伴い用賀駅は休業し、昭和五十二年（一九七七）に新玉川線（現田園都市線）の地下駅として再開業した。平成十五年（二〇〇三）駅に隣接した旧玉川線車庫跡地に世田谷ビジネススクエア（二十八階建て高層ビルを始めとする商業・業務施設）が完成した。用賀の由来は鎌倉時代初期、真言宗の瑜伽《ゆが》の道場が開設されたためとされている。

用賀駅から旧大山街道を南西方向に進み、東西に走る首都高速道路3号線の下を潜ると橋げたの真ん中にコンクリートで護岸された小川が流れている。谷沢川と呼ばれるこの川の水源は、世田谷区桜丘四丁目・五丁目付近の武蔵野台地上の湧水と、桜丘三丁目の旧品川用水のかつての吐水跡とされ、下流は等々力渓谷を経て多摩川に注がれている。この地にかつて架かっていた橋は**田中橋**と呼ばれていたが、江戸時代にはこの辺り一面は田圃が広がっていたものと思われる。田中橋を越えると玉川台になる。

さらに南西の方向に進んで行くと、右側の角地に**延命地蔵**がある。丸彫りの地蔵立像で、高さ一五七センチメートル、台石の正面には「法界万霊」、左面には「用賀村女念仏講中」、右面には「安政六年（一七七七）十一月」と刻まれている。旅人の安全を祈ったものであろう。鞘堂に収められているが堂前には花が活けられている。地元の人が今でも管理をしているものと思われる。

ここで二股に分かれる道の右側に分岐している道を進むと大山街道の**慈眼寺線**、左側に直進すると後述する**行善寺線**であるが、この日は、慈眼寺線を進んだ。住宅地の中を三〇〇メートルほど歩くと環八通りにぶつかる。旧大山街道は環八通りにより中断されているので、一〇〇メートル程西側にある信号のある交差点で横断して元の道に戻る。環八通りを越えると瀬田になるが、細い割には交通量が多い道を南西方向に進むと、大空閣寺を経て、**慈眼寺**に至る。慈眼寺は真言宗智山派の寺院で、一五三三年長崎四郎左衛門が開いた。参道入口の脇には元禄十年（一六九七）に建立された**笠付庚申塔**が立っている。庚申塔の脇には三猿が置かれているが、三猿の上には三つ目・腕六本の青色金剛が刻まれている。

慈眼寺に隣接しているのが**瀬田玉川神社**である。永禄年間（一五五八〜七〇）の創建と伝えられる。瀬田玉川神社の正門は急階段になっているが、これは国分

寺崖線の一部分なのである。国分寺崖線は、多摩川が十万年以上の歳月をかけて武蔵野台地を削り取ってできた崖の連なりで、立川市から大田区まで全長三〇キロメートルに及ぶ。世田谷区瀬田はこの国分寺崖線の最東南端（大田区田園調布）に近い。

国分寺崖線の坂を下り切ったところにある川は**旧六郷用水**（現丸子川）である。六郷用水は、天正十八年（一五九〇）に関東六か国に転封となった徳川家康が、江戸近郊の治水と新田開発に取り組み、用水奉行・小泉治太夫に命じて造らせ、一六一一年に完成したものである。多摩郡和泉村（現在の東京都狛江市元和泉）の多摩川左岸で取水し、世田谷区から大田区に至る延長二三キロメートルの用水路で、約一五〇〇ヘクタールの地域に、主として農業用水を供給した。六郷用水に架かる大山街道の橋は**治太夫橋**と名づけられた。六郷用水は昭和二十年（一九四五）に廃止され、周辺の宅地化のため一九七〇年代までに大部分は埋め立てられ又は下水道となったが、世田谷区岡本から田園調布までは**丸子川**として残されている。

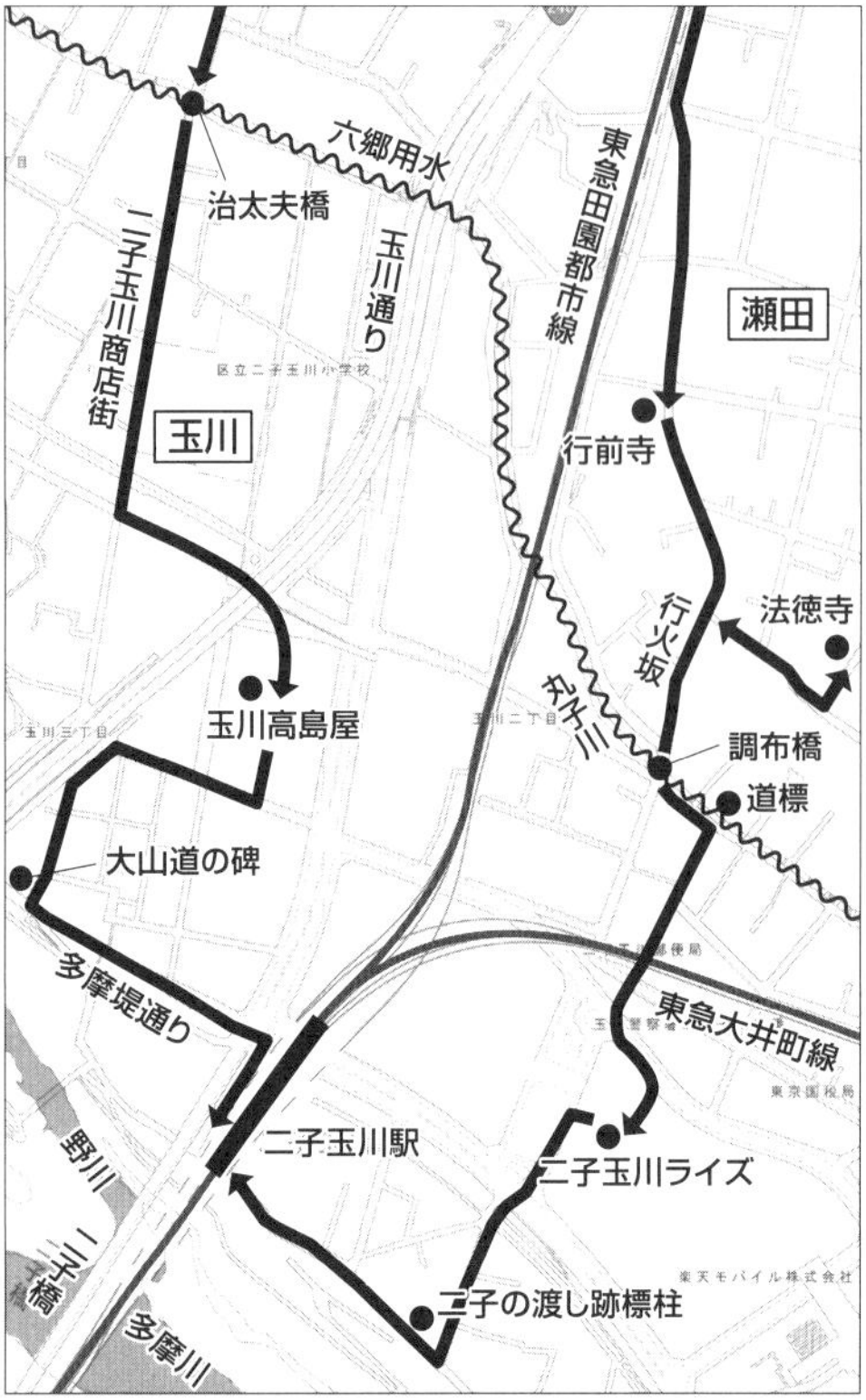

治太夫橋を渡ると玉川である。旧大山街道をまっすぐ進むとやがて賑やかな二子玉川商店街に入る。ほぼ等間隔に立つ街路灯には「大山みち」と記された幟が吊るされており、大山街道が町起しの一環とされていることが窺われる。玉川高島屋で小休止した後、再び大山街道に戻ると、多摩堤通りとの角に**大山道の碑**がある。このすぐ先に堤があるが、そこに流れているのは多摩川ではなく野川の最下流なのである。野川は国分寺市の武蔵野台地に端を発し、国分寺崖線に沿ってここまで流れてきたのであり、二子玉川駅を越えてすぐ下流で多摩川に合流しているのである。

野川の合流点のすぐそばの下流に、**二子の渡し跡標柱**がある。大山街道は、江戸時代中期から二子橋が出来る大正十四年（一九二五）まで渡し舟「二子の渡し」で対岸の二子村《ふたごむら》と結ばれていた。大山街道の難所の一つであった。この渡しにより農産物・炭などが江戸に運ばれ、帰りは溝口方面の村では肥料を持ち帰っていた。二子の渡しは街道筋であるため、これら農民に加えて行商人や、江戸中期以降盛んになった大山詣での参拝客にとっても大切な足として機能していたのである。この渡し舟は、人を渡す舟だけでなく、馬や荷車を渡す大型の舟も用意されていた。往来が多い時は馬車・牛車の列ができたといわれる。この渡しの管理は、川崎側の二子村と世田谷側の瀬田村とが村の仕事として行っていた。

　多摩川はかつて暴れ川とも呼ばれ、水かさによっては、人々は両岸で何日も足止めされることも少なくなかったという。そのため渡し場の周りには茶屋や食事処、宿屋などが集まったのである。対岸の二子宿《ふたごじゅく》・溝口宿《みぞくちじゅく》は宿場町として特に発展した。

行善寺線（延命地蔵・行善寺・法徳寺・行火坂《あんかさか》・六郷用水調布橋・道標・二子玉川ライズ・二子の渡し跡標柱）

　延命地蔵の分れ道を左に直進する**行善寺線**を進むと、程なくして玉川通りと環八通りが交差する瀬田の交差点に達する。大山街道はこの交差点を対角線状に横切る形で南下していた。この道には旧玉電の軌道が通っていたのであり、現在はこの道の地下に東急田園都市線が走っている。この道が旧玉川通りと呼ばれた道であり、両側の歩道に並木が植えられていて、いかにも旧道というのにふさわしい風情のある道路である。

　この道から南東側に派生する道を少し進むと右側に**行善寺**がある。行善寺は浄土宗の寺で、小田原北条家家臣の長崎重高が、一五六四年に小田原の菩提寺を移設して、父親の戒名「行善」を寺名としたものである。この地は国分寺崖線の上の縁に位置し、眺望が極めて良く、ここから眺めた風景は多摩川八景・行善寺八景として知られた。江戸時代には将軍も遊覧の折しばしば立ち寄ったという。この日は台風が接近して天候が悪かったため展望はできなかったが、近くの国分寺崖線から地上に出て眼下の崖下を走る田園都市線の電車の音がこだましていた。

　さらに南に進み、少し東向きに折れると、道路わきに**瀬田貝塚跡**の石碑があり、その近くに**法徳寺**がある。港区芝にある西応寺の末寺で浄土宗の寺である。境内には昭和の歌手江利チエミ（一九三七～一九八二）の墓碑がある。白いドレスを着て歌っている姿をイメージしたチエミ像の大理石の台座には、テネシーワルツの楽譜と歌詞の一部が刻まれている。

　再び行善寺の前を通っていた道に戻る。まさに国分寺崖線の崖を通る道で大変急な坂道である。このあたりの坂は**行火坂**《あんかさか》と呼ばれているが、特にこの坂道を上ると、懐に

「あんか（カイロ）」を入れているように身体が熱くなるので名付けられたということである。

急な坂がなだらかになり、ほとんど平坦になって少し歩くと**旧六郷用水**（現丸子川）に達する。ここに架かる橋は**調布橋**と呼ばれ、慈眼寺線を歩いた時に渡った治太夫橋の下流にあたる。調布橋を渡って左折し、川に沿って少し歩くと川の淵に、庚申供養講中が建てたとされる**道標**がある。「右東目黒道　南大山道　左西赤坂道」と刻まれているそうだが、あまりに古びていて字はよく読めない。この道標が元々はどこに置かれていたのかも不明である。この道標のすぐ脇には「**南大山道道標**」と刻まれた新しい石柱が建っている。

この道標の前の道を右折して南に進み、程なくして東急大井町線のガードをくぐると**二子玉川ライズ**がある。平成二十七年（二〇一五）に二子玉川駅の東側に完成した街である。旧二子玉川園跡地などの開発事業地一一・二ヘクタールに、東急グループがショッピングセンター・オフィスビル（高層ビルのキーテナントは楽天、最上階はエクセル東急ホテル）・バスターミナル・タワーマンション三棟などを建設した。楽天などが入っている高層ビルの隣の、五階建ての商業施設の屋根を利用したルーフガーデン（エコ・ミュージアム）では、多摩川の生態系を学べるビオトープ（ガーデニングの分野で水辺の生態系を再現した場所をさす）や原っぱがあり、北側には国分寺崖線が、南側には多摩川、丹沢山塊や富士山が一望できる。これらの開発事業地に隣接して世田谷区によって約六・三ヘクタールの二子玉川公園も整備された。

二子玉川ライズを出て多摩堤通りを渡り、多摩川の堤防に近接する道の片隅に**二子の渡し跡標柱**が立っている。行善寺線を下ってきた大山詣での一行やその他の通行人は、このあたりにあった渡し場から渡し舟に乗って対岸の二子の渡し場へと渡って行ったのである。今は残っていないが慈眼寺線の付近にも渡し場はあったかもしれない。多摩川は昔から暴れ川といわれており、洪水があるたびにしばしば流路が変わったようだ。そのたびに船着き場の適地も移動し、またそのことが便利な道筋を求めて、二本の大山街道につながったものと思われる。

二子橋・二子橋親柱、二子宿《ふたごじゅく》・溝口宿《みぞのくちじゅく》、二子《ふたご》神社・大山常夜灯、岡本かの子文学碑・大貫病院跡・光明寺、国木田独歩の碑、田中屋秤店・灰吹屋店蔵、大山街道ふるさと館、二ケ領用水大石橋、溝口《みぞのくち》神社

現在の**二子橋**は、国道246号（旧道）の橋で、合流が近い野川と多摩川に架かる片側一車線の道路橋で、全長約四四〇メートルである。幅二メートルあるかないかの歩道は下流側にのみあり、自転車もこの狭い歩道を走るようになっている。対向して来る人とすれ違うために歩行者は縦一列に並んで歩かなければならない。下流側には遥か高い所に、田園都市線二子玉川駅と高架の鉄道が並行して走っており、その橋桁と橋桁の隙間から見える河原ではバーベキューの準備をしている一団が見えた。上流側を見ると、

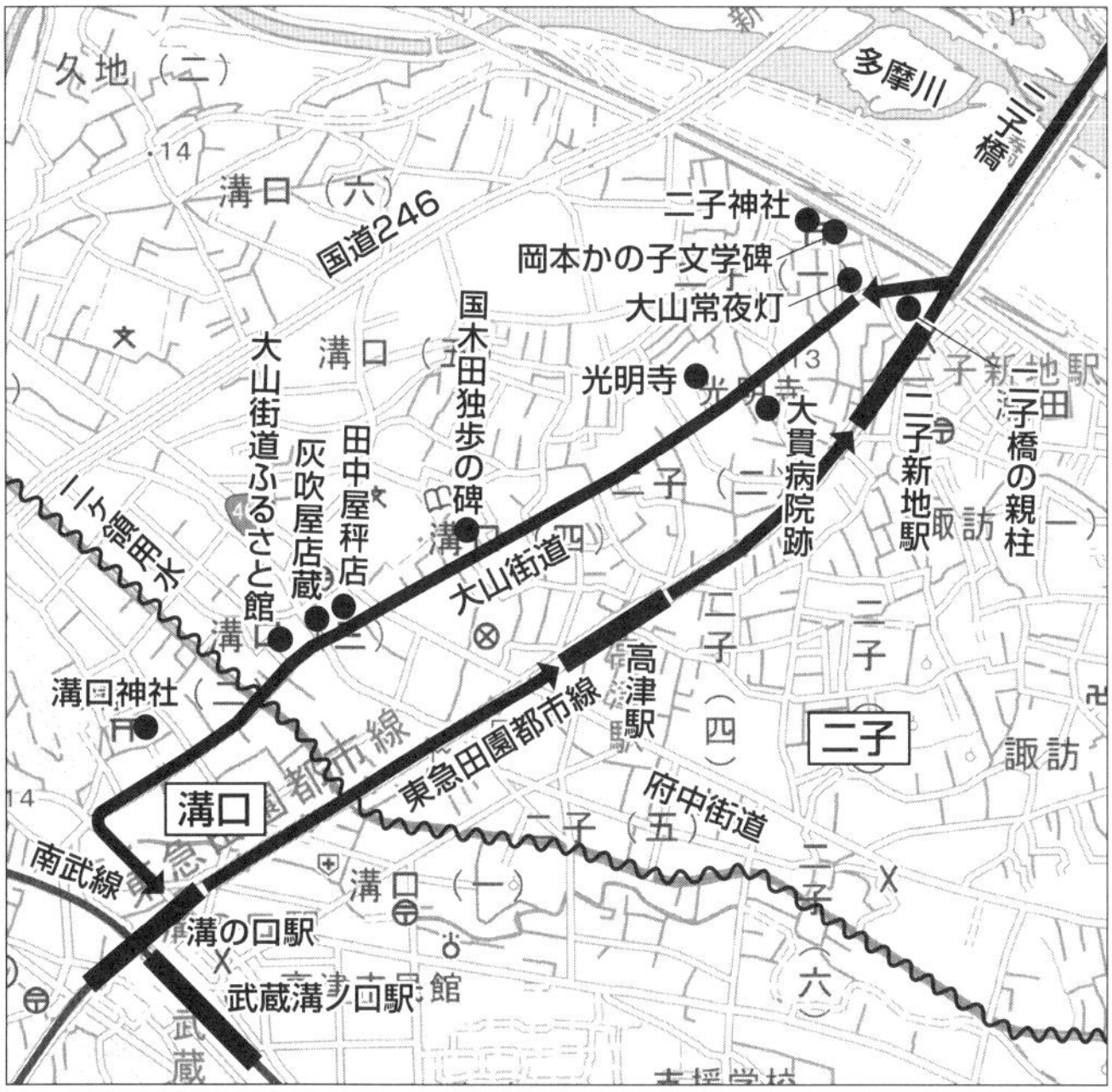

約四〇〇メートル先に国道246号の新二子橋が見え、下の河原は兵庫島公園となっている。

　二子橋を渡り切ると川崎市高津区二子《ふたご》になる。この二子の地名は「フタコ」ではなく「フタゴ」が正しい。かつてここの村名が二子村（ふたごむら）だったことに由来する。多摩川に沿った多摩沿線道路を横切ると、道路脇に**二子橋の親柱**が二本設置されており、その脇に**二子の渡し標柱**が立っている。左手を見上げると高架の田園都市線二子《ふたこ》新地駅《しんちえき》がある。この辺りから北東〜南西に続く大山街道の溝の口駅の近くまでの一キロに及ぶ沿道は、江戸時代は**二《ふた》子《ご》宿・溝口宿《みぞのくちじゅく》**と呼ばれた宿場町であり、旅籠や商家が軒を並べていたのである。日本橋から五里の位置にあり、また前述の通り、多摩川が暴れて足止めをくらった旅人でも賑わった。二子新地《ふたごしんち》といういかにも宿場町らしい地名も今に残っているのである。

　大山街道を歩いて行くと**二子《ふたご》神社**の入口の鳥居とその脇に**大山常夜灯**がある。二子神社は一六一一年の創建といわれ、天照大神を祀っており旧二子村の村社であった。大山常夜灯は、七月の大山山開きから八月まで夜間街道を通過する大山講の便宜を図るものであった。江戸時代には二子の渡し場にあったが、明治になり旧高津村が神社入口に総檜造りで建てたものである。参道を進むと多摩川の縁に二子神社の本殿がある。

二子神社に隣接した植込みの中に岡本太郎（一九一一〜九六、彫刻家、岡本一平・かの子の長男）が制作した、**岡本かの子文学碑「誇り」**が建っている。白く塗られた炎のようなオブジェで、いかにも岡本太郎らしいと感じられる作品であり、台座と築山は建築家の丹下健三である。岡本かの子（一八八九〜一九三九、歌人・小説家）は、この辺りの名家であった大貫家の令嬢として生まれた。大貫家は、江戸時代には幕府の御用を務めたこともある豪商・地主の家系であった。かの子は第二次新思潮の同人であった次兄大貫雪之助（晶川）の影響で文学に親しみ、与謝野晶子に師事して「明星」「スバル」などに短歌を発表した。また晩年は、川端康成の指導を得て小説も書くようになり、多数の純文学作品を書いた。画家の岡本一平と結婚したが、大学生の愛人を持つなど奔放な私生活を送ったことでも有名である。岡本かの子文学碑の近くの植込みの中にある、かの子の友人知己が設置した石碑に刻まれている書は川端康成の筆で、文は文芸評論家亀井勝一郎の作である。

大山街道を一〇〇メートルほど進むと道路の左側に**大貫病院跡**があるが、ここが岡本かの子の実家・大貫家が開業していた病院があった所である。大貫病院跡の斜め前に**光明寺**がある。一六〇一年の創建と伝えられる浄土真宗大谷派の寺院であり、ここは代々の大貫家の菩提寺でもある。大貫家の関係の墓石が多数存在し、かの子の兄・雪之助の墓碑もある。光明寺は幕府の命により、公用旅行者用の伝馬人足の常備と宿泊施設の提供の任を担っており、一七六二年に鋳造された梵鐘は、時の鐘として使われた。

大山街道を更に南西の方向に歩くと、町は二子から溝口に変わる。右側の高津図書館の前の公園の一角に**国木田独歩の碑**がある。国木田独歩（一八七一〜一九〇八、小説家・詩人・ジャーナリスト・編集者）が溝口の亀屋に滞在し、そこを舞台にした代表作の小説『忘れ得ぬ人』を書いたことに由来して、亀屋の前に建てられたものが、図書館の前に移設されたのである。碑文は島崎藤村が書いた。

この辺りの大山街道の街灯の柱には、大山街道と記したプレートが貼られており、また、老舗の商店も幾つかある。地元川崎信用金庫の「大山街道」の風情ある大看板には、大きな木刀を担いだ大山参りの若者の絵が描かれており、大山街道都市景観形成地区・大山街道活性化推進協議会の名が記されている。老舗の商店としては**田中屋秤店**がある。一七六〇年創業の秤《はかり》とお茶の老舗である。店頭には今でも「免許・度量衡器・販売所」の看板が陳列されている。江戸時代には多くのものが量り売りされていたので、秤の正確さについて幕府は厳しく取り締まっていたのである。**灰吹屋店蔵**《はいふきやみせぐら》というのもある。灰吹屋というのは、江戸の四谷にある総本家灰吹屋からの暖簾分けで、大山街道沿いの溝口に開業した薬局であった。屋号は鉛から金や銀を取り出すための灰吹法に由来する。灰吹屋の薬の評判は旅人に広がり、富山の薬売りや越後の毒消し売りは溝口には寄り付かなかったともいわれた。明治二十年代には店蔵を建て、昭和三十五年（一九六〇）まで店舗として営業し、今は倉庫（蔵）として残されている。灰吹屋は現在でも川崎・溝口を中心に、ドラッグストア・調剤薬局店舗網を展開している。この他、店頭に直径二メートル近い大釜を陳列し、ＮＨＫの大河ドラマ『黄金の日々』で石川五右衛門を釜茹でにしたシーンで使われたものであるとの説明を付した商店もある。

府中街道との交差点を過ぎてすぐのところに、**大山街道ふるさと館**がある。大山街道にまつわる貴重な歴史的資料などを保存・展示している川崎市の施設である。前述川崎信用金庫の看板に描かれていた大きな木刀の現物が陳列されていたが、絵から想像したよりもさらに太くて長く、これを一人の若者が担いで大山を上り阿夫利神社に奉納するのは至難の業だと思われた。大山街道ふるさと館は平成四年（一九九二）に開館し、文化事業への市民の参加・交流・学びの場としての役割を果たすことも目的としているようだ。「訪ねて楽しい大山街道」という小冊子を発行している。江戸城赤坂御門を出発し、概ね現在の国道２４６号に沿って西に進み、伊勢原市で大山の山頂まで登山して阿夫利神社に参拝するまでの克明な地図と沿道の風物などが記されており、大山街道に関するまたとない格好の解説書になっている。

大山街道ふるさと館を出るとすぐに**二ヶ領用水**に架かる大石橋がある。二ヶ領用水は多摩川を水源として川崎市多摩区（上河原堰・宿河原堰）から川崎市幸区までを流れる全長約三二キロの人口灌漑用水路である。東京都側の六郷用水と同様徳川家康の命により用水奉行・小泉治太夫が開いたもので、慶長十六年（一六一一）に完成した。しかし近年宅地開発が進み、農業用水としては使われず、生活排水の流入やごみの不法投棄などが問題化したため、埋立てや暗渠化が進められている。

溝口神社《みぞのくち》は創建年代が不詳であるが溝口村の鎮守だったといわれる。この神社を過ぎると溝の口駅はすぐそばである。昭和二年（一九二七）に玉川電気鉄道溝の口駅として開業し、昭和三十八年（一九六三）に田園都市線に改称された。交差するＪＲ南武線の武蔵溝ノ口駅も近接している。

東急田園都市線溝の口駅ＪＲ南武線武蔵溝ノ口駅でこの日のツアーは解散した。

石神井公園とその周辺および練馬大根

2023年　2月記

練馬区の石神井公園とその周辺は、都内有数の歴史と自然の宝庫である。また、練馬といえば練馬大根である。二〇二二年十月から十一月にかけて、練馬区立石神井公園ふるさと文化館において「練馬大根いまむかし」と題する特別展が開催されていることを知って、その機会に石神井公園とその周辺を散策することとした。以下第一部において石神井公園とその周辺の散策の記録を、第二部において「練馬大根いまむかし」を取りまとめることとしたい。

散策のルートは、先ず石神井公園駅から東に向かい、長命寺を訪れた後笹目通りを南に向かい、次に西向きに観蔵院などを経て北に向きを変え、石神井川を渡って石神井池の畔に出た。次に石神井池の南側の岸辺に沿って西に向かい、石神井公園ふるさと文化館などを訪れた。次に、南から三宝寺・石神井城址などを経て三宝寺池の畔に出た。三宝寺池をぐるりと半周した後、隣接する石神井松の風文化公園の中にあるふるさと文化館分室を訪れた。その後再び石神井公園に入り、石神井池の北側の縁を通って石神井公園駅に至ったのである。

第一部　石神井公園とその周辺の散策

石神井公園駅・石神井火車站《かしゃたん》之碑・長命寺・榎本家長屋門・観蔵院

西武池袋線石神井公園駅の改札口を出ると、駅前のガード下の道路はバス乗り場などの広い空間になっている。先ず駅下の東南の角にある観光案内所で必要な地図をもらってから道路を渡ると、西武線ガード下の近くに**石神井火車站之碑**がある。高さ三・五メートルのこの石碑は、大正四年に武蔵野鉄道（現西部池袋線）の池袋～飯能間が全線開通し、この地に駅ができたことを記念して地元住民たちが建てたものである。

次に線路の北側を東方向に進み、更に二股になっている北側の道を進むと、十分も歩かないうちに長命寺蕎麦と記された大きな垂れ幕が見えて来たので、歩く方向は間違っていなかったのだと一安心する。東高野山**長命寺**は、後北

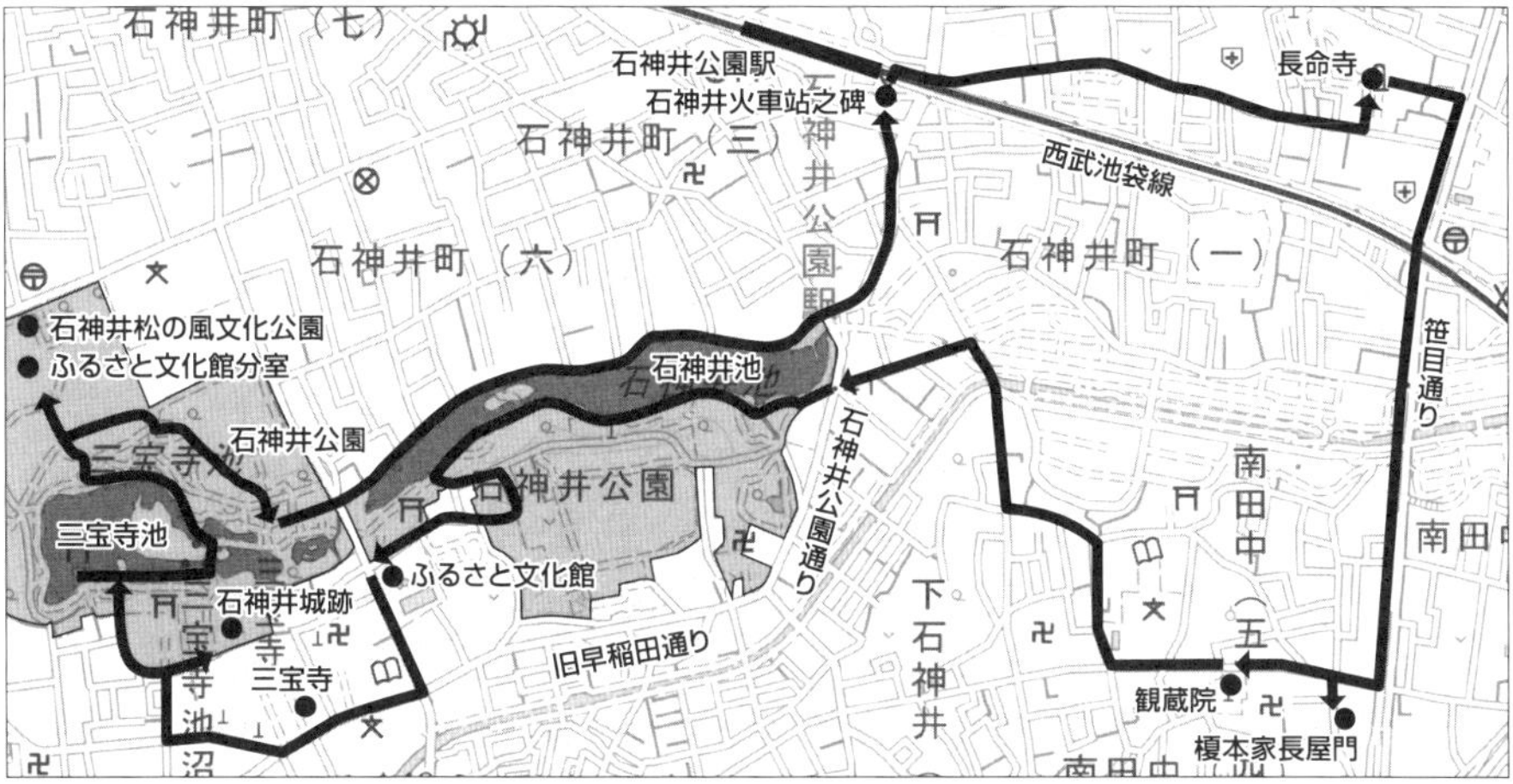

条氏の家臣増島重明が一六一三年に開創した、真言宗豊山派の寺である。特に奥の院は紀州高野山の弘法大師入定の地勢を模して整備したもので、入り口の御廟橋《みびょうばし》から奥の院（大師堂）に通ずる沿道の両側には、多数の供養塔・灯籠・六地蔵尊・五百羅漢・姿見の井戸などが配列されている。このため長命寺は、東高野山として関東における有数の庶民信仰の霊場となった。東高野山奥の院は東京都の指定文化財である。また、梵鐘は江戸時代初期の特色を示しているものとして、また仁王門は十八世紀後半の建築様式を伝えているものとして、それぞれ練馬区の指定文化財になっている。このほか三代将軍家光の供養塔とされる五輪塔や、将軍供養の石灯籠もある。

長命寺を東門から出て笹目通りを南方向に歩く。順天堂大学練馬病院を過ぎ、西武池袋線のガードを潜ってしばらく歩き、石神井川に架かる長光寺橋を越えて、観蔵院入口の信号を右折し、一寸左にはいると**榎本家長屋門**がある。江戸時代末期の建築と推定される、この地域の名主役宅門である。桁行《けたゆき》（建物の長手方向）一三・五メートル、梁間《はりま》（短手方向）四・五メートルで、門の両側に部屋がある長屋門である。外壁は上部が漆喰《しっくい》、下部が板張りになっている。

元の道に戻ってさらに西方向に進むと**観蔵院**がある。門前には六地蔵や庚申塔、馬頭観音などが並んでいる。境内には総高八二センチメートル、像高五四センチメートルの石造の筆子碑がある。正面に聖観音立像が浮彫され、像の左右の刻印から、一七六二年に、この場所で家塾（寺子屋）を開いていた日傳という師を偲んで教え子たちが建立したものであることが分かる。練馬区登録史跡となっている。

観蔵院を出て西方向に進み、南田中小学校の角を右折して北方向に進み、南田中図書館や稲荷神社の前を通って西に向かったのち道なりに北西方向に転じると、**石神井川**に架かる山下橋に出る。この辺りの石神井川は両岸がコンクリートで固められ、情緒は全くないのだが、パンフレットには、両岸にびっしりと植えられた桜並木の写真が載っている。桜の季節には見事な景観になるのであろう。

石神井池・「聖衣」の像・稲荷諏訪合神社・池淵史跡公園（旧内田家住宅）・石神井公園ふるさと文化館

石神井川に架かる橋を渡って次の信号を左折し、石神井公園通りを渡れば石神井公園である。**石神井池**の南縁の遊歩道を西に向かって歩く。対岸にはボート乗り場がある。石神井池は、東西に細長く約八〇〇メートルに及ぶ一方で、南北は一〇〇メートル程度と狭く、川がせき止められたような形状である。調べてみたら、以前は隣の三宝寺池から水路を引いた田圃として活用されていたが、昭和九年（一九三四）に水路をせき止めて石神井池が作られたとのことである。

池の中央にある中の島の辺りで野外ステージを左手の斜面に見た後、右手の池の中には先の尖った白いオブジェが建っているのが見え、穏やかな水面の下に上下対称の像が映っている。像を過ぎたところに池に張り出したデッキがあり、その横にオブジェの説明が書かれたプレートがある。一九八四年に設置されたこの像は「**聖衣**」と名付けられ、イタリア産白大理石で造られた彫刻（高さ五・六メートル、重量二三トン）の作者は三沢憲司、寄贈者は石神井風致協会ということである。

この辺りで池の端を離れて小高い丘を上ると、**稲荷諏訪**

合神社がある。縦書きの扁額は、「稲荷」と「諏訪」が横に並べて書かれ、その下に「合神社」と書かれた風変わりなものである。何時かの時点で対等合併をしたのだろうか。合神社の前を通って丘の上に回り込むと、区立**池淵史跡公園**である。公園内には、庚申塔・馬頭観音・道標などの多数の石造物や竪穴住居跡が配置されている庭があり、その庭に接して茅葺き寄棟造りの**旧内田家住宅**がある。明治二十年代に練馬区内の別の場所に建てられた民家を、練馬区立石神井公園ふるさと文化館の屋外展示施設として、平成二十二年（二〇一〇）にこの地に移築復元したものである。かつての練馬区域は、茅葺き屋根の農家が点在する、江戸・東京の近郊農村だったのである。

旧内田家住宅に隣接して、練馬区立**石神井公園ふるさと文化館**がある。折しも「練馬大根いまむかし」と題する特別展が開催されていた。練馬大根については石神井公園を一渡り巡った後で、本稿の末尾に取りまとめることとしたい。

道場寺《どうじょうじ》・三宝寺《さんぼうじ》・石神井城跡・氷川神社

ふるさと文化館を出て井草通りを南方向に向かい、石神井図書館を過ぎた信号を右折すると**道場寺**がある。この旧早稲田通りは歩道が南側面にしかなく、しかも頻繁に自動車が来るので、道路の北側に並んでいるお寺を訪ねるのは難儀なことであった。道場寺は、十一世紀頃から豊島郡（現在の北区・豊島区）に進出した秩父平氏の豊島氏が、石神井川の流域の開発を進め、練馬城や石神井城を築くとともに、一三七二年に菩提寺として築いたものである。この日は門が閉ざされていたので中に入ることはできなかったが、隣接する三宝寺の境内からは、道場寺の三重塔がよく見えた。

道場寺に隣接した**三宝寺**には、山門東側の長屋門から入った。この門は、港区赤坂にあった勝海舟邸の門を移築したものである。この寺も歴史が古く、南北朝時代の一三九四年に建立されたと伝えられるが、一四七七年の石神井城落城後太田道灌により現在地に移されたものである。その後、後北条氏や徳川家康の庇護を受けた。山門は三代将軍家光が狩りの途中立ち寄ったことに由来して御成門と称され、庶民は通行できなかった。現在の門は一八二七年の建築である。門前に「守護使不入 三宝寺」の石碑がある。これは守護の徴税吏であっても寺には入れないことを意味し、寺の格式が高かったことを示すものである。鐘楼にかけられた梵鐘は一六七五年の作で区の文化財に指定されている。

三宝寺を出てから右折して旧早稲田通りを進むと、イチョウ並木が映える長い参道を経て氷川神社がある。氷川神社の境内に入る前に右折して三宝寺や道場寺の裏手の道を東に進むと、左手に鬱蒼とした雑木林がある。この辺りが**石神井城跡**である。石神井城は南側を流れる石神井川と北側の三宝寺池を要害とし、西から東に延びる舌状の台地をいくつかの堀で画した中世の城郭である。現在の北区、豊島区を拠点として石神井川の上流へと勢力を伸ばしてきた豊島氏は、十四世紀から十五世紀初頭にかけて石神井城の城郭を拡張してきたが、一四七七年に太田道灌によって攻め落とされて廃城となったのである。石神井城跡は東京府史跡を経て、昭和二十三年に東京都指定史跡となった。保存状態が良く、学術的価値が高いとされることから、金網の塀で囲われ、研究／教育目的以外の一般の立入りは禁止されている。

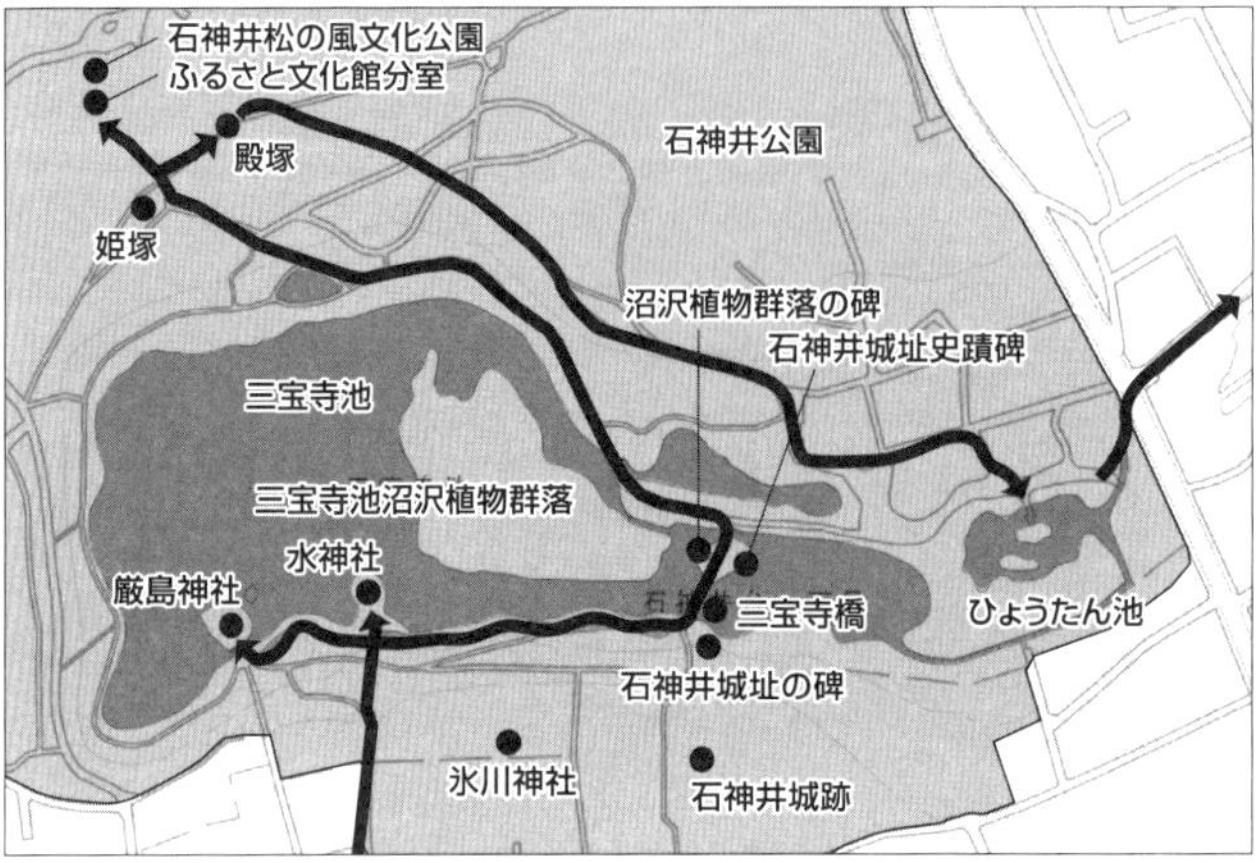

氷川神社は、石神井城主の豊島氏が大宮の武蔵一宮氷川神社の分霊を城内に祀ったのが始めといわれる。その場所ははっきりしないが、豊島氏退去後に現在地に移され、石神井郷の総鎮守として崇敬されてきた。氷川神社から裏に抜けると三宝寺池に達する。

三宝寺池の周辺（水神社・厳島神社・石神井城址の碑・三宝寺池沼沢植物群落の碑・ソメイヨシノ並木・メタセコイア・殿塚／姫塚）

三宝寺池は近くの湧水が集まってできた自然の池である。三宝寺池からの流水は、江戸時代より石神井川下流の村々の用水として使用されていた。水源維持のために、大正時代には池底の土砂を取り除き、雑草を刈る浚渫工事も行われた。当時の村長は、私財を投じて池の中央部を南北につなぐ三宝寺橋を架橋した。また、昭和十年（一九三五）には、三宝寺池周辺の観光地化が進む中、水温が低く水のきれいなところに生育する水生植物が繁茂しているところから、**三宝寺池沼沢植物群落**は国指定天然記念物となったのである。

　氷川神社から下ってきた小径の突端に池に張り出すような形で小さな祠がある。これが**水神社**《すいじんじゃ》である。歴史は古く、江戸時代の地誌である『新編武蔵国風土記稿』の「三宝寺池図」に「水天宮　池ノ側ニアリ」と記されている、水天宮がこの水神社のことである。水神社の西側の池のほぼ西端の島には**厳島神社**がある。この神社も前述の地誌に「弁天社　三宝寺池ノ中島ニアリ」と記されている。弁天社は明治初期の神仏分離により厳島神社となったのである。

三宝寺池の南の縁の小径を辿って東に進むと、三宝寺橋のたもとの山すそに**石神井城址の碑**がある。この小山の上が先刻訪れた石神井城址なのである。三宝寺橋を渡ると途中の島の左側に**三宝寺池沼沢植物群落の碑**がある。この辺りから左右の水面に浮かぶ植物群がよく見える。群落の辺りは中の島と呼ばれる浮島になっているのである。また、小径の右側には**石神井城址史蹟碑**がある。橋を渡り切って池の北岸に来ると、右手には子供たちが遊べる広場がある。左手の池の端を進むとソメイヨシノ並木やメタセコイアが多数植えられている区域に出る。

池の北岸を概ね過ぎたところで北向きに上る経路を取り、林を抜けて台地の開けたところに出ると、小径の脇に**殿塚**と**姫塚**がある。石神井城が上杉軍の将太田道灌との戦いに敗れて落城した時に、城主豊島太郎泰経は黄金の鞍をつけた愛馬に乗り三宝寺池に沈んだという伝説がある。殿塚は縁者が泰経の徳を偲んで築いたといわれている。姫塚は、「練馬区の巨木」の根元にある小さな祠で、落城の時を同じく三宝寺池に身を投じた泰経の二女照姫を祀ったものといわれている。しかし江戸時代の文献である『三宝寺縁起』では室町時代に三宝寺の住職であった照日上人の塚とされ、「照日塚」と記されている。三宝寺池周辺の観光地化の中で、「照日上人」の物語と「照姫」の物語が合わさって、「照日塚」が「姫塚」とされ、悲哀の「照姫伝説」が創り上げられていったようだと、ふるさと文化館作成の資料には記されている。

練馬区立石神井松の風文化公園・ふるさと文化館分室・ひょうたん池・石神井池の北縁

練馬区立**石神井松の風文化公園**は昭和九年から日本銀行石神井運動場であった場所が、平成二十六年から区立公園になったものである。各種スポーツができる多目的広場、テニスコート、松林の広場、花と木立の広場などがある。公園内に気象庁アメダス練馬観測所もあり、気温・風向・風速・降水量・日照時間を観測している。管理棟には**ふるさと文化館分室**がある。分室では石神井公園の周辺に何度も居住し、多くの作品を著した檀一雄の書斎を再現するとともに、檀と交友の深かった太宰治・坂口安吾・佐藤春夫・井伏鱒二・保田輿重郎・尾崎一雄・草野心平・中原中也・五味康祐・庄野潤三・島尾敏夫・棟方志功などの写真やパネルも展示されている。

石神井松の風文化公園の後は、三宝寺池に隣接する**ひょうたん池**の周辺を歩いた。ひょうたん池は、水域から水辺の湿生草地などに生息する動植物を保全・回復するエリアとして、石神井公園の生物多様性の取り組みの一環として整備されたものである。案内板には、ハンノキやヤナギなどの湿生林、ヨシ・カサスゲ・カキツバタなどの抽水植物《ちゅうすい》（水中に生活する植物）、これらを利用するトンボ類などが生息する環境を目標としていると記載されている。

ひょうたん池の後は**石神井池**の北側の縁を東に向かって歩いた。池の北辺の道路はびっしりと石のタイルが敷かれ、一定の区間ごとに様々な模様が描かれている。道路と池の間に遊歩道が続き、所々灌木や桜などの木が植わっていて、池に張り出している。西に傾いた日の光を受けて石神井池の水面はキラキラと輝き、水草の間を鴨が泳いでいる。振り返ると木立がシルエットになっている。対岸には「聖衣」の彫刻が水面上に上下対称の姿を見せ、中の島を過ぎると比較的広い穏やかな水面が開けてくる。池の端のボート乗り場の周りには、多数のボートが係留されて並んでいた。翻って道路側を見ると、道路の奥は、緩やかな南斜面に豪邸や高級マンションが建ち並んでいる。住人は、石神井池と石神井公園を望む借景を楽しんでいることであろう。この辺り一帯は、練馬区内屈指のお屋敷町なのである。

石神井池が終わると石神井公園通りに出て道路の東側の歩道を歩き、緩やかな坂道を上っていくと、坂の頂上近くにあるのが**檀一雄旧居跡**である。前面道路の拡幅に伴い、当時の建物は建て替えられ、今は親族の方がお住まいになっているようである。檀一雄の旧居跡との案内板が立っているわけでもなく、観光案内の地図にも書かれていないので、普通には見過ごしてしまうところであり、また写真撮影は遠慮すべきところである。その後近隣の稲荷神社を経て石神井公園駅に至った。

第二部　練馬大根いまむかし

この項は、石神井公園ふるさと文化館で開催されていた「練馬大根いまむかし」と題する特別展を見学するとともに、その場で販売されていた『練馬の伝統野菜・練馬大根・練馬大根の「知りたい」がここに。』（平成二十四年三月・練馬区発行）及び『特別展・練馬といえば！大根～練馬大根いまむかし～』（令和四年九月・練馬区立石神井公園ふるさと文化館発行）の二冊の冊子を参考にした。

＊　＊　＊

練馬大根とは、練馬地域でつくり始められた大根の総称で、十七世紀後半にはすでに誕生し当時の人の食に根付いていたと考えられている。練馬大根の代表的な品種は、練馬尻細大根で、首は細く・中央部太く・下部は急に細り・尻がとがっているものである。肉質はしまり・水分が少なく・皮薄く・乾きやすいので沢庵漬けの材料として最適である。他に練馬秋づまり大根というほぼ円筒形で、丸い先に尻尾のようなものがちょこんとついている種類もあり、こちらは煮大根に適していた。

練馬大根の主産地は、現在の練馬区の全域を中心に、周辺区の板橋・北・豊島・杉並・中野など山の手一帯の各地に広がっていた。これら地域の特徴の第一は土壌である。洪積世(今から二百万～一万年前)に盛んに活動した箱根・富士の火山灰や軽石が降り積もって風化してできた赤土(ローム)の上に、枯れ葉が腐植して黒ボク土ができてきた。この土は根の深く入る植物(特に練馬尻細大根)の生育に最適なのである。第二の特徴は、江戸近郊農村という地の利があったことである。練馬から一大消費地の江戸まで、日帰りで出荷することができた。また、江戸から出る大量の人糞(下肥)は大根栽培に欠くことができない肥料となったのである。

練馬大根栽培の歴史は、大きく四つの時期に分けられる。

誕生期は江戸前期～中期である。江戸の人口増加に伴い大量に消費される蔬菜を賄うため、練馬で大根がたくさん栽培されるようになり、新種の練馬大根も誕生した。練馬大根の発祥と品種改良・生産拡大に尽力した又六という篤農の功績が伝えられている。また、五代将軍綱吉は、将軍になる前に病気療養のため練馬に別邸を建てて大根を食し、将軍になってからも練馬から大根を献上させ、その生産を保護したという伝承がある。

興隆期は江戸中期～明治前期である。練馬大根は質・量ともに優れていたため日本一の名声を博すようになった。八代将軍吉宗は練馬大根を手厚く保護したと伝えられる。来日した朝鮮通信使には土産として練馬大根の種子と練馬の畑土が贈られたという記録もある。明治維新後も生産は順調に伸び、明治七年の記録によれば、東京府の沢庵生産額の八〇パーセント以上を練馬区が占めていた。

最盛期は明治後期～昭和初期である。日清戦争や日露戦争が始まると軍隊等へ大量の沢庵漬けが納入され、国外へも輸出されたので、練馬大根の生産は大幅に拡大した。篤農家の努力により栽培法や品種改良も行われた。大正三年(一九一四)、東上鉄道(現東武東上線)が開通、翌年武蔵野鉄道(現西武池袋線)が、その後西武村山線(現西武新宿線)も開通するなど、交通手段が発達し農産物の輸送が便利になった。大正十二年(一九二三)の関東大震災後、東京近郊の市街地化がさらに進み、人口増加は消費拡大につながった。練馬にも市街地化への変化は見え始めたものの宅地の割合はまだ少なかった。こうして明治後半より昭和の初期まで、練馬大根はその最盛期を迎えたのである。さらに、江戸時代末期ごろから専門の種子業者が現れ、明治から大正時代にかけて、通信販売により練馬大根は近隣のみならず全国に広められたのである。

衰退期は昭和以降である。昭和八年以降、干ばつ・アブラムシの発生・モザイク病の異常発生などにより練馬大根は大打撃を受けた。昭和十二年、日中戦争が始まると軍需用の沢庵や干し大根の需要が高まったものの、昭和十六年に太平洋戦争突入後は労働力が極度に不足し、大根の生産は下降の一途をたどった。戦後は、キャベツへの作付け転換・下肥の入手困難・耕地の宅地化などにより、二百年余の歴史を持つ練馬尻細大根は激減し衰退したのである。これに対し、平成元年度から練馬大根育成事業がスタートし、地産地消、食育の意識の広がりとも相俟って、練馬大根の栽培は蘇りを見せつつある。小学校教育の場でも練馬大根の栽培・沢庵漬けづくりの実践、給食の中に練馬大根を取り入れるなどの取り組みが行われ、また、練馬大根をテーマにした様々なイベント(収穫体験・引っこ抜き大会・練馬漬物物産展など)も開催されている。これらの事業の結果練馬大根の生産もいくらか蘇りつつあるようだ。

沢庵漬け作りは、大根干し・漬け込み・重し載せの三段階で行われる。

大根干しは、収穫した大根を葉の根元二〜三センチの所で切り落とし、水でよく洗ったのち、十本前後ずつ紐ですだれのように編み、これをしっかりとした支柱に渡した、高さ一・五メートル程の横木に吊るしたのである。乾燥期は通常十一月上旬から十二月中旬までとされる。雨に濡れるとかびて商品価値がなくなるので、夜間や雨の日には覆いをかけるなど細心の注意が払われる。干された大根は手で丸く曲げられるようになる。

漬け込みは、昔は四斗樽が主流であったが、現在は業務用として一〇〇〇リットルのタンクも使われる。先ず、干した大根をびっしりと敷き詰め、米糠・塩・ざらめ(現代人の口に合わせるためのもので、かつては入れなかった)などを合わせたものをまく。その上にまた大根を重ねていく。一段入れるごとに米糠・塩・ざらめを追加していく。大根のサイズにもよるが、約千五百本の大根を一度に漬けることもできるようだ。

漬け込んだ大根の上にふたをして**重しを載せる**。大根一〇〇〇キログラムに対して重しは一五〇〇キログラム、二十日間ほど漬ける。大根から水分が出て水がたまってくる。水が出てきたら少しずつ重しを減らしていく。塩加減、重しの増減などには微妙な配慮が必要とされるようだ。こうした過程を経て、米糠が発酵して沢庵漬けができ上がるのである。

池袋の周辺　幸福のふくろうを探す

2023年5月記

豊島区は、池袋駅がほぼ中央に位置し、南端はＪＲ目白駅より少し南の神田川の辺り、北端は埼京線板橋駅の辺り、東端は山手線駒込駅の辺り、西端は西武池袋線の東長崎駅の少し西となっている。面積は約一三平方キロメートル、人口は約二十九万人である。地勢的には武蔵野台地の東端に位置し、江戸時代から明治時代にかけて、近郊農村として江戸・東京への野菜類の一大供給地として発展した。近郊農村から近代都市へと発展したのは、交通網の発達を契機とする。明治十八年（一八八五）日本鉄道の赤羽―品川間が開通して目白駅が設置され、明治三十六年（一九〇三）池袋―田端間の開通により池袋・大塚・巣鴨の各駅が、明治四十三年（一九一〇）に駒込駅が開業した。さらに池袋を起点に東上鉄道（現東武東上線）と武蔵野鉄道（現西武池袋線）が開通し、沿線の人口増加と宅地化が進んだ。土地が安く交通の便が良いところから社会事業施設や学校、工場が次々に進出してきた。さらに大正十二年（一九二三）の関東大震災の後は東京市域から人口が大量に流入し、市街地化と工業化が一気に加速したのである。

昭和二十年には豊島区域も米軍機による空襲被害を受けたが、特に四月十三日には池袋駅を中心に最大の空襲があり、区域の七割が

灰燼に帰したといわれる。戦後は、先ず東口が昭和二十四年（一九四九）西武デパートとともに復興を開始し、西口は開発が遅れていたが、昭和三十七年（一九六二）に東武デパートが開店するに至った。ターミナル駅として池袋駅は、ＪＲの一日乗降者数が約百十一万人と、新宿駅の約百五十二万人に次いで第二位となっていた（平成三十年度の統計）。

ふくろうは豊島区の区の鳥とされている。「いけぶくろ」は「ふくろう」に通じる、豊島区はまるでふくろうが羽をひろげているような形をしている、など駄洒落ないし後付け的要素もあるが、ふくろうは「福」を呼ぶ鳥として、豊島区内で広く愛されており、池袋を中心として区内各地にふくろうの像やレリーフなどが多数置かれている。

本稿は特にふくろうの像などが集中している池袋駅を中心とした区域について、東京シティガイドクラブの二度にわたるツアーをもとに取りまとめたものである。一度目は二〇二三年三月上旬の良く晴れた日に池袋駅西口の一帯を歩くものであった。二度目は三月下旬に目白駅から雑司が谷・南池袋を経て池袋駅東口に至るものであったが、桜の花は満開だったものの、終始雨にたたられた一日であった。後日晴天の日に若干の補足のために再訪した。

池袋駅西口駅前広場・池袋西口公園（グローバルリング）・元池袋史跡公園・豊島区立郷土資料館・婦人之友社／自由学園明日館・びわのみ文庫・上り屋敷公園・宮崎滔天／柳原白蓮旧居

池袋駅西口駅前広場には、ふくろうの「**えんちゃん**」とお父さん、お母さんの家族のオブジェがある。「えんちゃん」は「みんなのえんがわ池袋」という、地元の商店街の空き店舗を利用した交流広場で生まれたふくろうのキャラクターで、「えんちゃん」の名前は、〝えんがわ〟の「えん」と〝人と人との縁〟の「えん」から付けられたそうだ。「えんちゃん」のハート形の足に触れると良いことがあると言われ、格好の待ち合わせ場所になっている。「えんちゃん」の弟のオブジェは西口駅前広場の最南端にある。

西口駅前広場を出て南方向に進むと**池袋西口公園**がある。この地域一帯は明治三十六年（一九〇三）池袋駅の創業とともに開発が始まり、明治四十二年（一九〇九）に東京府豊島師範学校が設置され、明治四十四年（一九一一）には付属小学校も開校した。戦災で焼失した師範学校は戦後小金井市に移転し、昭和二十四年（一九四九）東京学芸大学として発足した。付属小学校はこの地に残ったが、昭和三十八年には廃校が決定され、跡地は池袋西口公園として整備された。平成二年（一九九〇）に東京芸術劇場が小学校の跡地に開業すると、公園は劇場の前庭公園として再整備されたのである。豊島区は平成二十七年（二〇一五）

「国際アートカルチャー都市構想」を策定し、その一環で池袋駅周辺の四つの公園を「アート・カルチャー・ハブ」に位置付け、各エリアの特性に応じ整備を進める方針を定めた。かつてこの地には秩父山系に降った雨が地下水として流れ来て湧き上がった丸池があったことから、大地のエネルギーが湧き上がる躍動感をらせん状に巻きあがるリングで表現する、六本の柱が支える五輪のリング（グローバルリング）を設置した。その下の円形広場の中央には噴水が設けられ、周囲にはクラシック音楽のコンサートやダンス・演劇に対応した野外劇場、その上部に大型ＬＥＤビジョン、外国人向け案内所を兼ねたカフェなどが設けられた。

池袋西口公園を出て少し南に進むと**動輪の碑**がある。北海道を走っていたＳＬの動輪だった由だが、この地に大正十三年（一九二四）から昭和二十九年（一九五四）まで東京鉄道教習所があったことに因むものである。この付近の街角にもふくろうの像が設置されている。

さらに南に進むと**元池袋史跡公園**がある。池袋の地名の由来となった丸池（袋池ともいった）を擁した元池袋公園は、現在は隣接するビルの敷地内にあったが、下水道工事のための土地交換により廃止され、それに伴い丸池も完全に埋め立てられた。そこで丸池が存在したことを後世に残しそれを偲ぶため、現在地に〝史跡〟公園を開園したものである。ここにはふくろうのオブジェも多数設置されている。また、この辺りは成蹊学園の創立の地でもあり記念碑が建っている。

この後劇場通りまで進み、池袋消防署の前を通って南方向に進むと、としま産業振興プラザのビルの中に**豊島区立郷土資料館**がある。二〇二三年五月下旬までの予定で、区制九十周年特別展として「豊島大博覧会」が開催中であった。明治・大正・昭和から平成・令和へと大きな変貌を遂げた豊島区のあゆみを、郷土資料・美術・ジオラマ・模型・映像などで振り返るとともに豊島区の将来像を描いた、大博覧会と銘打つにふさわしいものであった。個人的には昭和三十年代の池袋駅前のジオラマに興味を引かれた。

豊島産業プラザを出てプラザの南面の小路を東に向かい、次いで道なりに南に向かうと、南西の角地に**婦人之友社**の社屋がある。羽仁もと子（一八七三〜一九五七、婦人運動家）は明治女学校を卒業後、報知新聞に勤め日本における婦人記者第一号となった。羽仁吉一《よしかず》と職場結婚したもと子は、明治三十六年（一九〇三）に吉一とともに婦人之友社を創業、雑誌「婦人之友」の前身「家庭之友」を創刊した。婦人之友社は、創業者二人のキリスト教信仰を活動と経営の理念において、現在も出版を中心に事業を展開している。

この角を右折して西に進むと道の両側に**自由学園**がある。自由学園は羽仁もと子・吉一夫妻により大正十年（一九二一）に女学校として創立された。知識の詰込みではない、個性的な自立した人間を育てることを目的に作られた学校で、大正デモクラシー期における自由教育運動の象徴といわれた。右側にある大正十四年に完成した「**明日《みょうにち》館**」と呼ばれる建物は、旧帝国ホテルを設計したフランク・ロイド・ライトとその弟子の遠藤新《えんどうあらた》により設計されたもので、ライトの作風を示す建築物として国の重要文化財に指定されている。現在は一般に公開され、結婚式や披露宴として人気が高いそうだ。明日館の建物の脇にも三体のふくろうの像がある。

さらに西に向かって歩くと坪田譲治（一八九〇〜一九八二、童話作家）の旧居がある。一九一六年からこの地に住んで、三六年に自宅の蔵書を開放して子供が本に親しむ場「**びわのみ文庫**」を創設するとともに、童話作家の育成にも尽力し、松谷みよ子を始めとして多くの作家を輩出した。

びわのみ文庫を過ぎてさらに西に進むと**上り屋敷公園**がある。江戸時代にはこのあたり一帯は将軍の狩場だった。今の婦人之友社あたりに休憩所が設けられ、「上り屋敷」と呼ばれたことに由来する。訪れた時には近所の保育園児がおそろいの上っ張りを着て、トロッコみたいな車から降りてひと固まりになっていたところであった。

上り屋敷公園の南側にある黒板塀に囲まれた家が**宮崎滔天《とうてん》・柳原白蓮《びゃくれん》旧居**である。「滔天会」「ことたま会」の木札が門脇に下げられている。宮崎滔天（一八七一〜一九二二、明治の社会運動家）は孫文と深く交わり、辛亥革命を支援した人である。滔天の息子龍介の妻が柳原白蓮（一八八五〜一九六七、歌人）である。白蓮は伯爵柳原前光の次女に生まれ、大正天皇の生母柳原二位の局の姪に当たるという名門の出でありながら、結婚していた九州の炭鉱王の家を飛び出して帝大生の龍介のもとに走ったという、当時としては大変なスキャンダルの主であった。晩年は「言霊会」を主宰し社会事業にも貢献した。

西池袋公園・立教大学・旧江戸川乱歩邸・祥雲寺・谷端川《やばたがわ》南緑道・池袋御嶽神社・WE RORD

　劇場通りの最南端にある池袋警察署の対面の辺りまで戻ってから北西方向に進むと**西池袋公園**がある。ここにはふくろうの様々なオブジェが置かれている。さらに西に進むと**立教大学**のキャンパスがある。明治七年（一八七四）、築地の外国人居留地内にチャニング・ムーア・ウィリアムズ司教が米国聖公会系私塾として聖書と英語を教えたのが始まりである。明治四十年（一九〇七）に専門学校令により立教大学が開校し、大正七年（一九一八）に現在地に移転した。ツタの絡まるレンガの建造物群である本館・第一食堂・二号館・三号館・図書館旧館（現メーザーライブラリー記念館）・立教学院諸聖徒礼拝堂が東京都選定歴史的建造物に指定されている。一般の見学者も立教学院展示館（メーザーライブラリー記念館）に入ることができる。立教の歴史と伝統、教育と研究の取り組みを発信する場として二〇一四年に開館した。旧図書館の趣を残した二階の展示スペースでは、貴重な資料の展示・タッチパネルディスプレーや映像・写真を通して、立教の歴史を学ぶことができる。

　立教大学の正門を出て道路を渡ると立教大学五号館である。西に向かって角まで来ると、ふくろう一家の像の台座に、**旧江戸川乱歩邸**を矢印で示してくれているので、その角を右折すると程なく到着する。江戸川乱歩（一八九四～一九六五、探偵小説作家）は昭和九年（一九三四）にこの立教大学に隣接する住宅に移り住み、七十歳で死去するまで三十一年間住み続けた。二階建ての書庫兼書斎の土蔵（豊島区指定有形文化財）は「幻影城」と呼ばれ、二万点近くの資料・蔵書を保管、壁は江戸文学などの本で埋め尽くされている。立教大学は二〇〇二年三月、この土地・住宅と計四万点近くの蔵書・資料を購入し、内容の研究を進めるとともに、土蔵や住居の修復を進め、土蔵や資料を公開しているのである。旧乱歩邸の門柱には今でも本名の平

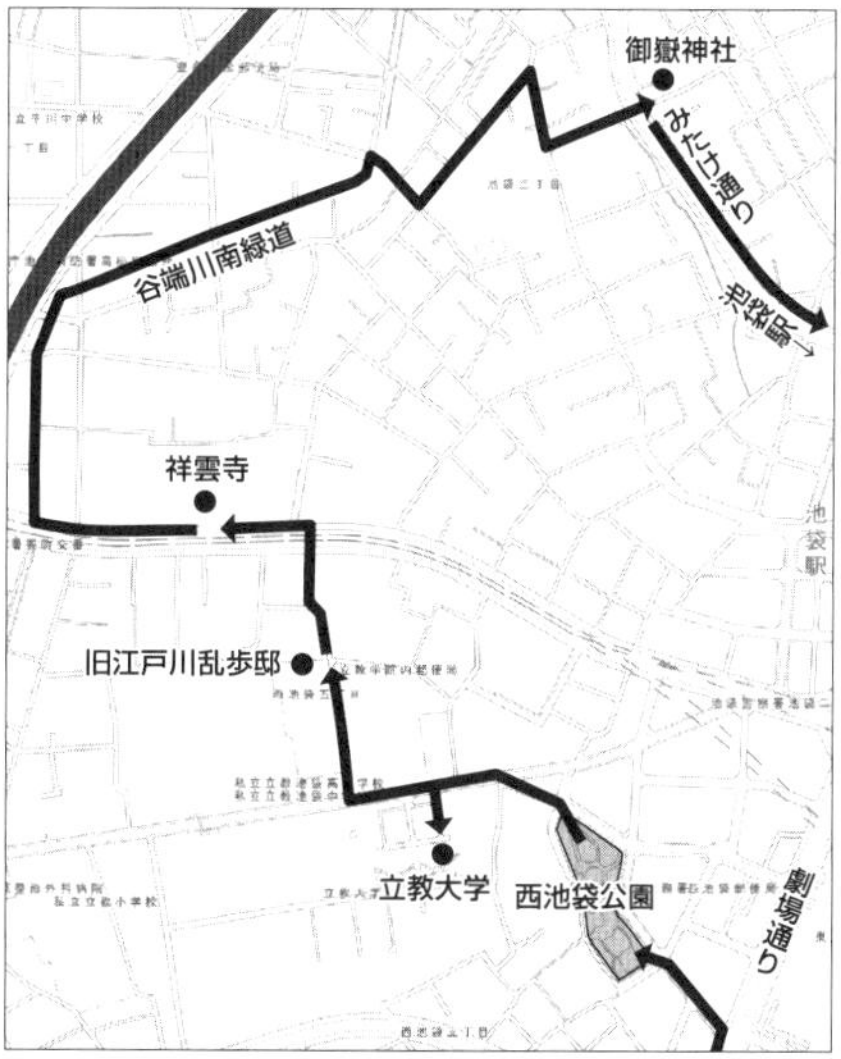

井太郎の表札が掛かっている。江戸川乱歩は『二銭銅貨』で探偵小説作家としてデビュー、『D坂の殺人事件』で名探偵明智小五郎を生みだし、探偵作家として不動の地位を占めるに至ったのである。少年雑誌に掲載された『怪人二十面相』・『少年探偵団』は圧倒的な人気を博した。戦後は推理小説の振興に尽くし、日本推理作家協会の初代理事長を務めた。

乱歩邸のあと北上して広い通りを西に進むと、北側に**祥雲寺**がある。後北条氏の重臣で江戸城主の遠山景久によって江戸城近くに創立された曹洞宗の寺であるが、その後寺地を転々とし、現在地に移転したのは大正四年（一九一五）であった。墓域には『サイボーグ009』『仮面ライダー』の原作者として知られる漫画家・石ノ森章太郎（一九三八～一九九八）の墓がある。墓を取り囲むように漫画の人気キャラクターを描いたカラフルなボードがあり、また一年中ファンが手向ける献花が絶えないようだ。門前にはふくろうの石像が置かれている石柱がある。

祥雲寺を出て西方向に進み、次に南北に走る**谷端川《やばたがわ》南緑道**を北向きに歩いた。谷端川は豊島区の西端近くに端を発し、この辺りでは北に向かい、板橋区との境界となった後東に向きを変え、板橋駅付近を流れ、北区との境界となって南東に向かい、大塚駅の近くを流れて、水道橋付近で神田川へと合流した。あたかも池袋を中心にその北半分を大きく取り囲むように流れていた川であったが、昭和三十七年に河川としては廃止され、暗渠の下水道幹線として使用されるようになった。このうち池袋の西側の西武新宿線から川越街道に至る一・七キロメートルの区間が、平成二年に谷端川南緑道として整備されたのである。散歩コースや通勤通学路として親しまれており、道路との交差点にみられる欄干は、かつての谷端川にかかっていた橋の名残である。

板橋区との境界になり始めたところで緑道から離れ、ジグザグに東方向に進むと**御嶽《みたけ》神社**がある。創建年代は不詳だが、武田勝頼の家臣団が甲州より池袋の地に逃れ、この地に神社を造営したとの伝承がある。以来、池袋駅西口一帯の鎮守の社として崇敬されてきた。祭神は倭建命・神武天皇他である。近年、福を呼ぶふくろう（福籠・不苦労）神社としてふくろうのお守りも授与されるようになった。境内にはふくろうの家族とふくろうの夫婦の二種類の石像がある。

この後はみたけ通りから、池袋駅北口の商店街を抜けて北口近くの線路際に来た。池袋駅の西口と東口をつなぐ地下道は、以前は薄暗く使いにくい通路であったが、女性美術作家・植田志保の提案を受けて壁面をカラフルに色を塗り照明を明るくして、今ではウィロード（WE RORD）と名付けられた、見違えるような快適な通路になっている。

目白駅・学習院大学・千登世橋・並木ハウス・雑司ヶ谷鬼子母神堂・法明寺・威光稲荷堂・豊島ふくろうみみずく資料館

目白駅を出て目白通りを、**学習院大学**のキャンパスに沿って東に進むと、正門がある。この門は明治四十一年（一九〇八）に学習院がこの地に移転した際に建設されて以来、正門として使用されており、当時のままの形状を残している。平成二十一年（二〇〇九）に国登録有形文化財に登録された。左側の門柱にある「學習院大學」の門標は、初代学長阿部能成の揮毫によるものである。

学習院大学正門前を過ぎると程なくして**千登世橋**に達する。目白通りと明治通りの立体交差橋である。昭和七年（一九三二）の完成で、道路の立体交差としては日本初ともいわれており、今なお現役であるため土木技術的価値も高く、「東京都著名橋」に指定されている。この橋のすぐ東側に位置する千登世小橋は都電荒川線を跨ぐ。全線一両のみで走る電車が通り過ぎるのを待って先へ進んだ。

次の信号で目白通りを北側に渡り、そのまま細い道を北に進むと都電荒川線鬼子母神前駅に出る。この地下には副都心線雑司が谷駅がある。荒川線の踏切を渡ると、**雑司ヶ谷鬼子母神の参道**が始まる。参道の入り口には「鬼子母神」の大きな額が道を横切って掛かっており、その下のさらに大きな額には、参道や境内にある数々の天然記念物・重要文化財・有形文化財・無形文化財の目録のようなものが掲げられている。地元活性化のための活動の一環かと思われる。参道のケヤキ並木は、天正年間（一五七三〜一五九二）に雑司ヶ谷村の住人が奉納したものと言われ、古いもので樹齢四百年を数える巨木が四本残っている。参道に入ったところに「都天然記念物・鬼子母神大門欅並木」と彫られた石碑が建っている。往時の参道両側には、高名な料理茶屋が軒を並べて繁盛したようで、歌川広重画『江戸高名会亭尽』など浮世絵にも描かれている。

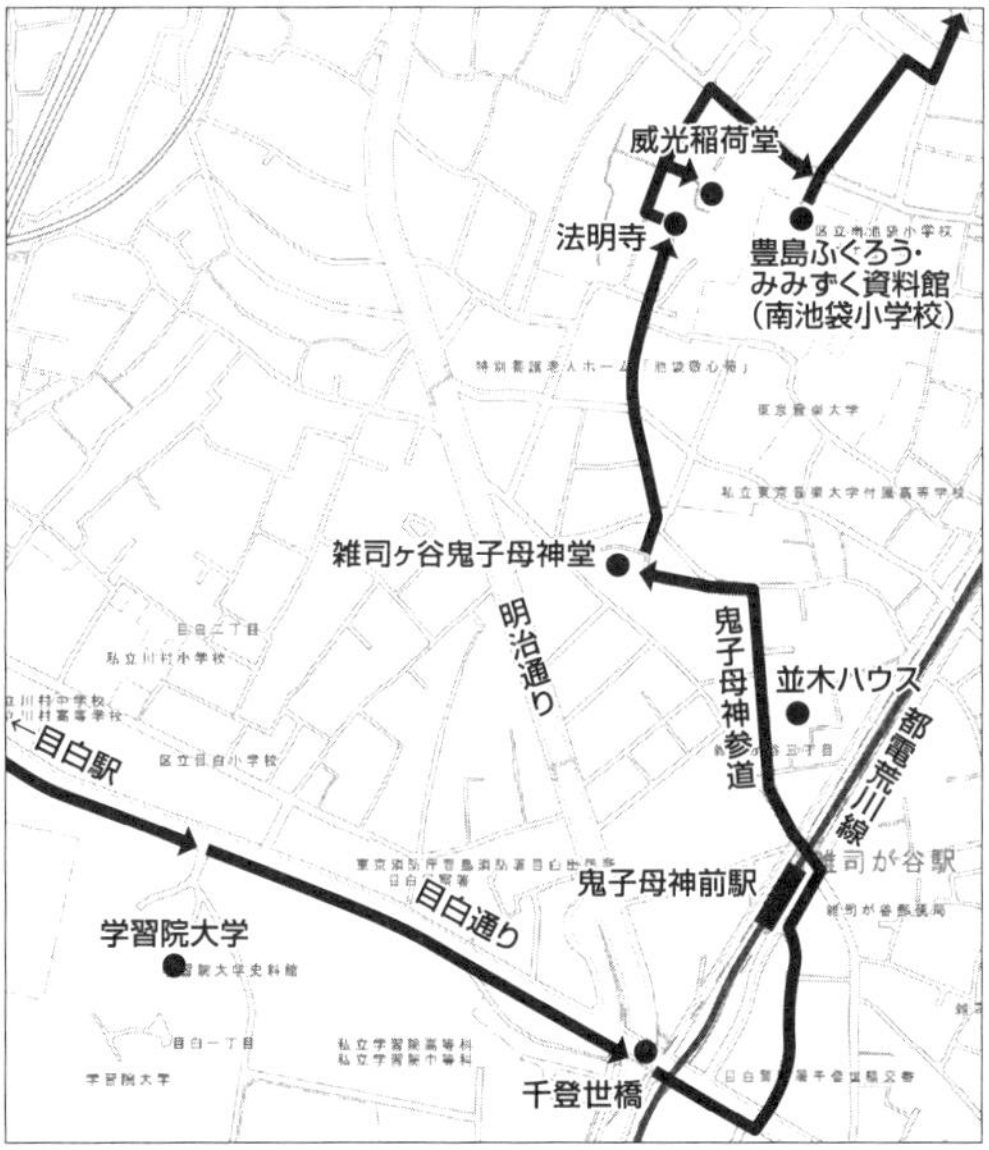

参道の中ほどにある雑司が谷案内所は、参道脇に昭和七年に建てられた砂金家長屋（現・並木ハウスアネックス・国登録有形文化財）の一室を借り受け、二〇一〇年に開設された観光案内所である。観光パンフレットや地図とともに鬼子母神の縁起物として有名な「すすきみみずく」などの参詣土産が並ぶ。「すすきみみずく」については、病気になった母親のために親孝行の娘が、鬼子母神のお告げにより、すすきの穂でみみずくを作って売り、そのお金で薬を買ったという言い伝えが残っている。この建物の奥に建設された**並木ハウス**（国登録有形文化財）には、昭和二十九年から三年ほど、漫画家の手塚治虫（一九二八〜一九八九）が暮らし創作活動を行っていた。

鬼子母神境内の大イチョウは、応永年間（一三九四〜一四二八）に植えられたものと伝えられ、樹齢七百年に及ぶ大樹は、子授けイチョウ・子育てイチョウとして親しまれてきた。幹周り六・六三メートル・樹高三二・五メートルで、都内では港区善福寺、府中市大國魂神社のイチョウに次ぐ三番目の幹周りと言われる。このイチョウの木は東京都指定天然記念物である。

雑司ヶ谷鬼子母神堂は、一五七八年に近くの土中から掘り出された鬼子母神像を祀るため、里人たちが堂を建てたのが始まりと伝えられる。現在の建物は一六六四年加賀藩主前田利常の息女で安芸浅野家に嫁した自昌院の寄進により建立されたもので、二〇一六年には国の有形文化財に指定された。扁額の鬼子母神の「鬼」の字には角（上のチョン）がない。元は凶暴な鬼神で近隣の幼児をとって食べていたが、釈迦に我が子を隠されてみて自分の過ちを悟り、釈迦に帰依して、その後安産・子育ての神になったからである。境内には憤怒の形相の鬼子母神像や山岡鉄舟碑がある。また、雑司ヶ谷みみずく公園という児童公園があり、さらに、両側面に石のみみずく像を配したベンチもある。

鬼子母神を出て北方向に進むと**法明寺**がある。寺伝によると八一〇年慈覚大師が創建し稲荷山威光寺（真言宗）と称したが、一三一二年に日蓮聖人の弟子日源上人により日蓮宗に改宗し、現在の威光山法明寺に改められた。参道は江戸時代から桜の名所として知られていた。ツアーの日は、桜は満開だったが雨のため人影はまばらで屋台の多くは閉まっていた。なぜか射的場のテントだけは開いていて人が群がり、時折歓声が上がっていた。境内には、曲尺《かねじゃく》・算盤・天秤など度量衡の珍しい図案が彫られた梵鐘（国重要美術品）や、酒井抱一筆の朝顔が描かれた蕣塚《あさがおづか》がある。この蕣塚の後ろの庭には様々な形の小ぶりなふくろう・みみずくの像が散在している。

法明寺の裏にいったん出て、小径を歩いて行くと赤い鳥居がずらりと並んでいる。そこを辿っていくと奥にあるのが**威光稲荷堂**である。慈覚大師がこの地を行脚していた際に、雑木林の中に一筋の光明を見つけ、そこに向かうと稲荷尊神が現れてきたことから、この地に「威光稲荷大明神」としてお堂を建てたのが始まりであるとされる。法明寺の前身である稲荷山威光寺と同時ないしそれより前に創建されたものと思われる。以前は法明寺の境内にあったようだ。周囲は今でも鬱蒼とした雑木林である。小さなお堂の賽銭箱の上の片隅などの雨に濡れないところに三匹の猫がうずくまり、ツアーの一行が近くを歩いても微動だにしなかった。

法明寺や威光稲荷堂の東側に隣接している、区立南池袋小学校の玄関わきの一室に**豊島ふくろう・みみずく資料館**がある。世界中のふくろうに関する資料収集家であった飯野徹雄（一九二八～二〇〇八、東大名誉教授・遺伝学者・ふくろう研究家）が所蔵するふくろう・みみずくコレクションのうち、約四千点が豊島区に寄贈され、ここに展示公開することになったのである。ふくろうの生態・ふくろうの人間との関わり・ふくろうの様々な素材と技法による多彩な造形表現、という三つのテーマで構成・展示されており、石・木・ガラス等の多彩なふくろうの置物や彫刻、玩具などのコレクションを見ることができる。小学校の一室を使っていることから、開館されるのは学校が休みの土・日曜日に限られる。なお、南池袋小学校の校章は鬼子母神で売られている郷土玩具の「すすきみみずく」をかたどったものである。

ここで「ふくろう」と「みみずく」の違いを解説しておこう。生物学的にはどちらもフクロウ目フクロウ科に属する猛禽類であることには変わりがない。呼び名が違うだけで、日本では一般に、耳のように見える羽角がついているものがミミズク、羽角がついていないものがフクロウと呼ばれているのである。英語ではどちらもowlで違いはない。イラストなどでは耳のようなものがついていると可愛らしいからか、ミミズクが描かれることが多いように思われる。また、標記の仕方に関しては、生物学的な鳥を標記する場合には「フクロウ・ミミズク」と片仮名が用いられ、区のマスコットを表す場合には「ふくろう・みみずく」と平仮名が用いられている様に見受けられるので、本稿でもそのように使い分けることとしている。

豊島区役所・仙行寺（池袋大仏）・南池袋公園・人世横丁の碑・Hareza 池袋・中池袋公園・いけふくろう

南池袋小学校を出て北方向に向かって歩いていくと、行く手に高層ビルが見えてくる。これが全国初の民間高層マンションとの一体型再開発事業となる**豊島区役所**の庁舎で、二〇一五年三月に竣工した。一階から十階までの区役所の庁舎の部分は、南側の外壁がスカートのように拡がっており、そこには様々な植栽が施されている。三階は届け

出のフロアーで、日曜日でも多くの区民で賑わっていた。壁際の棚にはたくさんのふくろうの置物が並んでいる。これはふくろうグッズの収集家であった松浦千誉（一九三八～二〇〇九、元拓殖大学教授）の遺品が区に寄贈されたものである。屋上の十階にはかつての豊島区の自然を再現した「豊島の森」を整備し、豊島区の植生や生態など自然の仕組みを学びながら憩える場所になっている。小中学生の環境教育にも活用されているようだ。ここは雨天のためツアーの日は閉鎖されていたので後日訪れたのである。さらに、四階・六階・八階にもグリーンテラスが設けられている。

豊島区役所を出て西方向に向かうと**仙行寺**がある。お寺といっても外観は横に並んだ三つのビルである。一番右のビルは昭和四十三年（一九六八）に社会事業の一環として始めた劇場「シアターグリーン」で、演劇活動の場として提供され、池袋の文化の発展に一役を担ってきた。真ん中のビルの一階から二階の吹き抜けの部分に、木曽ヒノキの釈迦如来坐像「**池袋大仏**」が鎮座する。高さ約四・六メートル、重さ約一・五トンであるが、大仏は台座の雲の部分に通した支柱が背面の壁に固定されているため、正面から見ると空中に一メートルほど浮遊した形になっている。大仏胎内には八四六一巻の写経が納められている。一番左のビルには事務所や葬儀場がある。

仙行寺を出て西方向に進むと**南池袋公園**がある。池袋駅東口から徒歩五分の繁華街にできた七八〇〇平方メートルの公園は、広大な芝生広場・多彩な遊具を備えたキッズスペース・桜の木の下に階段状に設置されたウッドデッキやカフェもあり、多世代が楽しめる空間となっている。戦後間もないころまで、この辺りは雑木林に覆われた小高い丘で、東武鉄道の創業者である根津嘉一郎が所有していたことから、地元の人は「根津山」と呼んでいた。昭和二十年四月十三日の大空襲時には、多くの被災者がこの雑木林に生命を救われたが、犠牲者はここに仮埋葬されたという。公園の南の入り口にある樹木を模した柱には時計が掛かっており、その枝にはみみずくが止まっている。

南池袋公園から北方向に抜け、駅前から東西に走るグリーン大通りを渡るとニッセイビルの裏手は三角形の小公園になっており、その片隅に**人世横丁の碑**がある。昭和二十年（一九四五）四月の空襲で池袋駅周辺はほとんどが焦土と化した。終戦後駅周辺にはヤミ市が形成されたが、昭和二十五年前後に駅前のヤミ市が次第に整理されるのに伴い、飲み屋街も東池袋に移ってきて、人世横丁など四つの飲み屋街が形成された。ニッセイビルの建設で人世横丁が廃止されるにあたり、人世横丁の碑が建設されることになったのである。碑の裏面には当時この横丁の住人だった店の屋号が彫り込まれている。この碑のある北側には、四つの飲み屋街のうち栄町通りと美久仁小路が今でも残っていて営業を続けている。

さらに北に進むと、**Hareza 池袋**がある。東池袋一丁目で行われた再開発で誕生したエリアである。エリア内には「Hareza Tower」（オフィス棟）・「東京建物 Brillia Hall」（ホール棟）・「としま区民センター」（公民館）および「豊島区立中池袋公園」が立地している。豊島区の財政負担ゼロでの新庁舎建て替え施策の一環として、旧豊島区庁舎跡地および旧豊島公会堂跡地の定期借地権により開発事業者を選定し、令和元年から二年にかけて順次開業したものである。三棟のビルの外観は統一され、また、三棟をカラフルな壁面を持った渡り廊下（アーバンスクリーン）で繋がれていて、劇場都市としての一体感を高めている。Brillia Hall ロビーには立派なふくろうの置物がある。前庭空間である**中池袋公園**の中に「ふくろう像」と銘打った二冊の厚い本の上に載っているふくろうの像があるが、この像は「いけふくろう」と呼ばれてこの公園のシンボルとされている。また、公園の横の郵便ポストはみみずくのデザインになっている。

この後グリーン大通りに戻って駅前に来る。横断歩道の真ん中の島に設置されている大時計の上にはみみずくが止まっており、また、池袋東交番の建物はふくろうの頭のデザインになっている。

最後に、池袋駅東口地下構内にも「**いけふくろう**」の石像がある。昭和六十二年（一九八七）ＪＲ東日本発足の記念として、池袋駅のマスコットとなるオブジェの設置が企画された。池袋の地名はかつてフクロウが生息していたことに由来するという説もあり、また、いけぶくろの語がふくろうに通じることから「いけふくろう」の設置が決まったといわれる。それ以来池袋駅東口の待ち合わせ場所として親しまれているようだ。こちらが「元祖いけふくろう」なのである。

ＪＲ池袋駅から帰宅の途に就いた。

喜多見〜成城
国分寺崖線と成城の街並み

2023年 8月記

国分寺崖線とは、多摩川が十万年以上かけて武蔵野台地を削り取ってできた段丘で、立川市及び国分寺市から始まって、世田谷区及び大田区へと続く、約三〇キロメートルに渡る、高さ一〇〜二〇メートルの崖の連なりである。野川とほぼ並行に連なっており、斜面に沿って緑の帯が連なり、樹林や湧水、そこに住む貴重な動植物などの自然環境に恵まれた一帯である。南斜面の崖線の上は有史以前から多くの人類が居住したため遺跡も多く、古墳の宝庫でもある。また近代に至っては眺望に秀でた景勝地であることから、政財官人の別邸や別荘が建てられた。

関東大震災以後、東京市中から多くの人口が郊外へと流出したが、それに伴い学校も郊外へと移転した。成城学園はその代表例であり、小田急電鉄の開通（昭和二年）に当たって、成城学園前駅を設けるとともに、大学が中心になって、野川と仙川に挟まれた舌状の武蔵野台地に整然とした成城のまちが築かれ、また、野川に沿った国分寺崖線の豊かな自然環境も保全されている。そこに文人・文化人・映画人などが住み始め、都内有数の高級住宅地として発展してきたのである。

●成城のまちの骨格的特徴

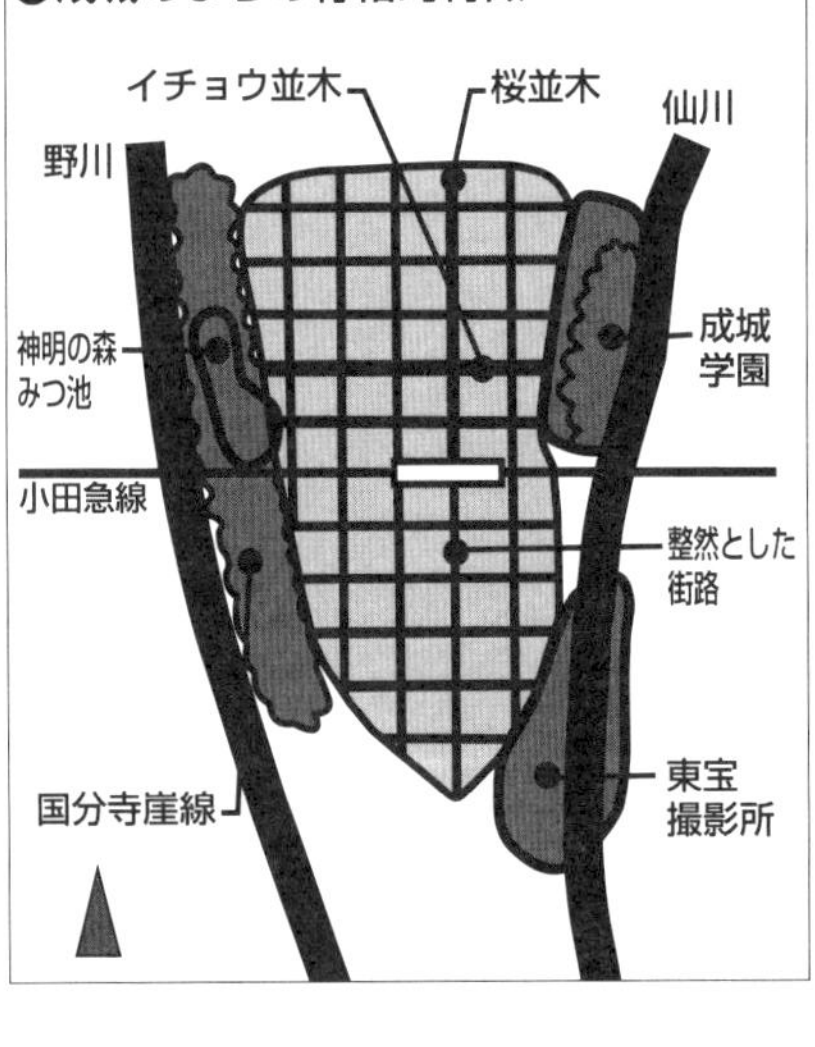

本稿は、東京シティガイドクラブの何回かに渡るツアーに、個人的に何度もこの地域を歩いた結果を加え、コースを適宜アレンジしてとりまとめたものである。ツアーで歩いた時はいずれも桜が満開の時期であった。

喜多見駅・野川緑道・きたみふれあい広場・成城四丁目の国分寺崖線（成城みつ池緑地／神明の森みつ池特別保護区・喜多見不動堂・旧山田家住宅・不動橋）

喜多見駅を出て小田急線の北側を新宿方面に向かって歩き、程なくして小田急線の車庫に向かう引き込み線の下を潜ると野川の土手に出る。**野川緑道**を北に進むと右手は野川、野川の土手には桜が並んでおり、川向こうの成城側には並行して国分寺崖線が延々と続く。野川緑道の左手は、暫くは小田急の車庫が続くが、やがて小高い丘になる。そこが小田急線の車庫の上にある、平成九年に開園した人工地盤の**きたみふれあい広場**である。地上一〇メートルの高さにあるため見晴らしがよく、西側に富士山や丹沢の山々が、東側には、野川を隔てて、約一キロメートルにわたって成城の台地と国分寺崖線の連なりが見える。

きたみふれあい広場から下りて、神明橋で野川を渡ると成城四丁目である。民家が密集している一ブロック先に国分寺崖線のふもとが迫っており、保存樹の大きなケヤキが目にとまる。右折して下流の方向に歩くと、この道はやがて金網に囲まれた鬱蒼たる雑木林が茂る斜面に接するようになる。崖線のふもとの「はけの道」なのである。そしてここが**成城みつ池緑地／神明の森みつ池特別保護区**とよばれる地域であり、世田谷区・（一般財団法人）世田谷トラストまちづくり・市民団体「成城みつ池を育てる会」の三者が協同で管理している。金網の垣根には所々に扉がついていて崖の奥に行く小径があり、年に何回かは市民にも開放されるようだ。三月〇〇日に「市民みつ池体験教室」が開かれる旨の看板が金網の垣根に掲げられていた。昭和三十年（一九五五）頃までは農村の里山として管理され、崖線からの湧水は水田用水として利用されていた。その際水温調節を目的に三つの溜池がつくられ、これが「みつ

池」の名称由来となっている。斜面にはコナラ・クヌギ等の雑木林があり、水際には希少種を含む様々な湿生植物が見られ、また、二十三区では

二か所しか残っていないゲンジボタルの自生地となっている。都の指定する絶滅危惧種であるフクロウも飛来するそうだ。

はけの道をさらに進み、国分寺崖線の崖を上る道路を横切ると、小田急線とこの道路に挟まれた斜面にあるのが**喜多見不動堂**である。この不動堂は喜多見慶元寺《けいげんじ》の境外仏堂で、本尊は不動明王座像である。境内には湧水による滝があり、かつては信者が水行した。滝口には滝不動が祀られている。

この自動車道に沿って崖線を斜めに上っていくと、道がやや平坦になったところで左側にあるのが**旧山田家住宅**である。昭和十二年（一九三七）にアメリカで成功した実業家が、帰国後アメリカ風の住宅を建築したと伝えられ、終戦後は一時ＧＨＱに接収されていた。昭和三十六年に画家で南画院の代表として活躍した山田盛隆（雅号耕雨）が購入し住まいとした。建物は外観が洋風で、内部は一部に和室を設けた、和洋折衷の特徴を持っている。水回りを除き当時の造作をほとんど残していることから、当時の成城の住人の生活を理解するうえで貴重な建造物であるとして、世田谷区指定有形文化財とされている。この住宅は崖線のほぼ最上部に位置し、庭に設けられたテラスからはみつ池の元となった湧水や雑木林を上から見下ろすことができるので、東京にいながら山深い別荘地にいるような気分が味わえる。この点も成城に住むことのステータスと感じられたことであろう。

旧山田家住宅からもと来た道を少し戻り左折すると程なくして小田急線を越える陸橋の**不動橋**に出る。ちょうど喜多見不動堂のすぐ上の位置にある陸橋で、小田急線が成城学園前駅に続くトンネルから出る崖の上に当たる。眼下の喜多見・多摩川方面から遠く丹沢の山々や富士山が一望のもとに見渡せる絶景の地である。橋の中ほどに「関東の富士見百景・富士の見える橋（世田谷区）・国土交通省関東地方整備局」と書かれたプレートが埋められている石柱がある。

成城三丁目の国分寺崖線の上の台地（崖線の崖の縁近くの道・高級住宅地・成城三丁目桜ともみじの並木・成城三丁目緑地）

小田急線を越えると成城三丁目であるが、ここからは崖の縁に近い台地を歩くことになった。この辺りもなかなか立派な住宅地であり、所々にとりわけ立派な豪邸がある。五分ほど歩くと右側にそれほど広くはない並木道がある。その道に入ってみると、「**世田谷百景・成城三丁目桜ともみじの並木**」と書かれた石柱が建っている。春の桜と秋の紅葉が素晴らしいそうだ。この道の奥にさらに進んでいくと、道は行き止まりになるが、崖の縁に出て視界が一気に

開く。斜面の下には野川そのものは見えないが、成城三丁目と喜多見の街並みが続き、はるかかなたに丹沢の山々が見える。

　元の道に戻って先に進むと、道そのものが次第に崖の縁に近づいてきたようだ。しかし道路の崖側にも家は建ち並んでいるので視界は遮られる。所々で下に降りる道があり視界が開けるのでのぞき込むと、本当にまっすぐの急坂で、しかもそれほど広いわけではない。スキー場に例えれば、余程の上級者がウェーデルンでようやく滑れるほどの坂道であろうかと思われた。自転車はとても無理、性能の良い自動車でも上れるかどうか、疑問のように思われた。そのような坂の上の角地に中村雅俊の家があるが、さぞかし素晴らしい眺望を楽しんでいることであろう。細い急坂の道を隔てて**成城三丁目緑地**がある。国分寺崖線の斜面を利用した野趣にあふれる公園である。この公園の管理は、世田谷区・（財）世田谷トラストまちづくり・小学校・ボランティアの四者が「成城三丁目里山づくりコア会議」を結成し、定期的に話し合って管理作業を行い、緑を保全しているとのことである。

成城一丁目の街並み（砧中学校古墳群ほか御料林跡の学校群・高級住宅地・TOHOスタジオ・仙川沿いの小路）、成城二丁目の街並み（高級住宅地・清川泰次記念ギャラリー）

　明正小学校を迂回して成城三丁目緑地の中を進み、成城通りを越えると成城一丁目である。この辺り一帯は、大日本帝国憲法下で皇室財産に編入された**御料林**《ごりょうりん》であった。戦後国有地となり農林省の土地として宿舎や演習林に充てられた。その後この一区画に砧中学校が開校した。敷地から

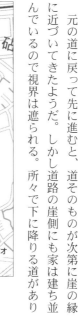

砧中学校古墳群と呼ばれる四世紀末から七世紀中頃までに築造された七基の古墳群が発掘された。そのうち四号墳だけは今でも見ることができるということである。そのほかの地区も学校用地となり、東京都市大学付属小・中・高校、科学技術学園高校、東京都立総合工科高校が開校した。

東京都市大学付属中・高校の前の信号でバス通りを渡ると、住宅地が広がる。この辺りに横溝正史・中谷昇・野上彌生子・北原白秋などの住居があった。このうち野上彌生子邸は、昭和六十三年、生まれ故郷の臼杵《うすき》（大分県）に移築され、野上文学記念館として使用されている。

次に鋭角に右折して坂を下ると仙川がある。仙川は小金井市の武蔵野台地に端を発し、三鷹市・調布市を経由して世田谷区に入り成城の東を流れてやがて野川に合流する一級河川である。

仙川を挟んで両側（成城および砧《きぬた》）に**TOHOスタジオ**（東宝の映画・テレビのスタジオ）がある。TOHOスタジオは昭和七年（一九三二）、渋沢栄一・小林一三などの財界の支援の下に発足した「PCL撮影所（Photo Chemical Laboratory 写真化学研究所）」に端を発する。その後「東宝映画」に社名を変更。戦前から戦後にかけて多くの名作、有名スターを輩出した。本社社屋の玄関前には『ゴジラ』（一九五四年、円谷英二監督・特撮映画の先駆けとして有名）の模型が展示され、また隣の撮影所建物の壁面には、『七人の侍』（一九五四年、黒澤明監督）の出演者（三船敏郎・志村喬・千秋実等七人）の姿が大きく描かれている。社名は一九七一年に東宝スタジオと、また令和二年（二〇二〇）にTOHOスタジオと名称が変更された。

次に**仙川沿いの小路**を遡ったが、川の両側に植えられた桜が、陽の光を浴びてまばゆいばかりの花のアーチになっていた。さらに、静かに流れる川の流れに反射して、川の底にも桜の花のアーチができていて、桜の花に囲まれた管の中を歩いているような錯覚に陥る程の素晴らしいものであった。花のアーチが途切れ、前方に小田急の高架線が見えるようになったところで打越橋を渡って川から離れた。

ここから小田急線の線路に至るまでは、成城二丁目の住宅地の東寄りのところを歩くことになった。北の線路に向かって緩やかな上り坂になっている。その一角に**世田谷美術館分館・清川泰次記念ギャラリー**がある。画家清川泰次（一九一九〜二〇〇〇）は、戦後まもなくこの地にアトリエ兼住居を構えた。没後、自らの財産を芸術・文化の振興に役立てることを望んだ遺志に基づき、遺族から多数の作品と土地・建物が世田谷区に寄贈された。区は平成十五年（二〇〇三）にアトリエ兼住居を一部改装し、清川泰次記念ギャラリーを開館したのである。料金（一般三〇〇円・六十五歳以上一〇〇円）を払って入場すると、清川の絵画とカーテンやハンカチなどのテキスタイルデザインが展示されていた。

ここからさらに北に向かって進むと、小田急線成城学園前の地下駅の新宿寄りのはずれの地上を横切ることになる。小田急線はここより少し東側（新宿寄り）で、それまでの高架線から急降下して地下の駅へと潜り込んでいるのである。小田急線を越えると成城六丁目であり、まっすぐ北上すると、右側は世田谷区役所砧総合支所に隣接して成城学園のキャンパスであり、程なくして正門がある。ここまでで、野川に沿った国分寺崖線と、小田急線の南側の成城一～三丁目を歩いたのであるが、ここで成城のまちの成立・特長および変遷について、改めて概観することとしたい。

成城のまちの誕生・形成・変遷・現状

成城のまちは、大正末期から昭和初期にかけて、大正デモクラシーの機運を背景に、理想の田園都市を目指して開発された、東京の歴史に残る郊外住宅地である。関東大震災後、住宅の郊外移転に拍車がかかった。同時に、都心の学園の郊外への移転も盛んになった。大正十四年（一九二五）、東京都牛込区（現在の新宿区）にあった成城学園が北多摩郡砧村喜多見に移転。学園の建設とともに、周辺の土地を開発分譲し、それによって学園建設費用を生み出すという事業がスタートした。開発前は、この地は見渡す限りの雑木林だったのだが、学園の隣接地に当初二万坪の分譲地が売りに出され、その後拡大されて、小田急線の南北三十七万坪に広がる住宅地が形成された。町の名も学園の名をとって成城町となり、昭和三年に独立したのである。昭和二年に開通した小田急線の駅は成城学園前と名付けられた。昭和三年に創刊された成城自治会報によれば、開発当初の居住者は、すでに五百数十戸に達し、当初は学園の教師や生徒・父兄が中心であったが、小田急線の開通を受けて徐々に一般の人も住むようになり、また、昭和七年に南側に東宝の砧撮影所の前身でＰＣＬ撮影所ができると、芸能関係者も増えていった。柳田国男・武者小路実篤・加藤武夫（版画家）・平塚らいてうなど、多くの文化人・知識人が住むようになり、自由で民主的・開放的なコミュニティが形成されるに至ったのである。

分譲当時一区画の面積は、二一〇～四五〇坪（一説には三〇〇～六〇〇坪）、当初は、自治会の申し合わせにより代替わりに当たっても敷地を分割することは禁じられていた。さらに、町の風致が乱れるのを防ぐため、外周には板塀や煉瓦塀は避けることとされ、生垣を基本とし、大谷石の塀も腰までの高さとしてその上に生垣を造ることとされていたようである。自治会は丁目単位で作られているようであり、土地の利用に関する規則も、地区によって違いがあったものと思われる。しかし、このような申し合わせ事項が守られていたのは、昭和三十年代から四十年代までのようだ。昭和四十年代の半ばころからは、世代の交代、地価の高騰、都市化の進行等を受けて、宅地の細分化が進んだ。また、相続税・固定資産税の負担により、住み続けることが困難になって転出していく人が増えて、当初見られていたような文化的・開放的なコミュニティも次第に失われてきた。また、宅地の細分化とともに豊かな緑も次第に減少し、かつての成城特有の生垣も少なくなってきた。

現在の成城地区は、公園や広場が極めて乏しい地区となっている。駅前にも広場がない。人口の減少と高年齢化も進んでいる。かつての高級住宅街の外縁部には様々な公共施設、特別養護老人ホームや超高級老人ホームなどが混在している。しかしそれより一歩外に出ると、限られたバス通りを除けば、元農道のように狭く曲がりくねっていたり、幅広い道が突然途切れたりすることもあり、そのため交通渋滞が大きな問題になっている。

この項は世田谷区砧総合支所街づくり課発行『貴重な自然・歴史と文化が息づくまち—成城—のまちづくりを考える』（一九九四年）をもとにとりまとめた。冒頭の「成城のまちの骨格的特徴」の図も同様である。この冊子ができてから既に三十年が経過しているが、そこで指摘された問題は、現在はさらに深刻さを増しているものもあろう。他方、公共施設の整備など、行政の努力でかなり改善が進んだ側面もあるのではないかと推測される。

成城六丁目・五丁目・四丁目の街並み（成城学園キャンパス・イチョウ並木・桜並木・高級住宅地・成城五丁目猪俣庭園・成城学園前駅）

小田急線を越えて北上し、成城学園の正門前で左折する。東西の方向に一直線に伸びているこの通りは、成城の街のシンボルともなっている**イチョウ並木**である。このイチョウ並木を二ブロック歩くと、成城学園前駅から真っすぐ北上する**桜並木**と交差する。キャンパスと駅という二つのシンボルとなる施設が存在し、イチョウ並木と桜並木が交差する辺りが、成城のまちの中心として設計されたものと思われる。この一帯は成城六丁目である。

イチョウ並木から右折して桜並木に入ると、道路右側角から最初の桜の木の手前に、「世田谷百景・成城の桜並木」と書かれた腰までの高さの石碑がある。道路の両側に植わっている桜の木は、古くて立派な木と最近植え替えられたであろう細い木が混在しているが、コロナ禍前の桜祭りの日には屋台の出店もあってかなりの人出で賑わっていた。桜祭りのときは車の通行は止められていたが、桜の木が道路の一部を塞いでいるため、車のための道幅は意外に狭く、これでは交通渋滞にもなるだろうと推測された。そ

のせいか、桜の木が伐採された後で新たな木が植えられずに放置されているところも散見される。この通りの桜並木は四ブロックで無くなり、その先二ブロックで碁盤の目を形成している南北の道は途切れてしまう。そこが当初の成城のまちの北限だったものと思われる。この道（桜並木）に沿って小澤征爾の邸宅がある。この辺りは一本東側（成城学園寄り）の道と、交わる東西の道も桜並木になっており、格子状の桜並木ができている。

　四ブロックの格子の真ん中の道を西方向に進む。二ブロック歩いて、南北を走る成城通りと呼ばれるバス道路を横切ると成城五丁目になる。一ブロック西に向かうと両側に植栽付きの幅広い歩道のある片側二車線の立派な成城六間通りが南北に走っている。（しかしこの道も北に五分も歩くと歩道のない片側一車線の道路になり、さらに五分も歩くと、旧成城のまちの北限に達して、幅二メートル程度の旧農道と思われる路地になってしまう）。この道路を渡ってそのまま直進し、お屋敷町を実感しながら三ブロック歩いて、成城富士見橋通りと呼ばれるバス通りを横切ると成城四丁目に入る。バス通りの角の近くに大江健三郎の住居がある。次の角を左折すると、石原裕次郎の邸宅がある。この辺りは国分寺崖線にも至近の区域であり、一ブロック先には国分寺崖線の森が見えるが、ここで反転して一本南の道を左折し東方向に進んだ。

　数ブロック歩くと**成城五丁目猪股庭園**がある。旧猪股邸は、昭和四十二年（一九六七）に建築家・吉田五十八（文化勲章受章者）の設計により、（財）労務行政研究所の理事長を務めた故・猪股猛夫妻の邸宅として建てられた住宅である。伝統的な和風建築にみられる柱や長押《なげし》、天井の廻り縁といった部材を取り除き、すっきりとした吉田流と言われる近代数寄屋造りの特徴が随所にみられる。居室から回遊式日本庭園の、一幅の絵画のような風景が眺められる。庭の地面には関東地方には珍しいスギゴケが広がっている。平成十一年（一九九九）に猪股家より世田谷区に寄贈され、現在は世田谷区立の施設として一般公開されている。

　猪股庭園から一本南の道は、イチョウ並木の延長にあたるバス通りであり、成城六間通りとの交差点を対角線状に渡ってさらに東向きに進むと、二つ目の信号の南東の角にあるのが柳田國男（一八七五～一九六二、日本民俗学の創始者）の屋敷跡である。昭和二年に建てられた、大書斎を備えた英国風の建物は「喜談書屋《きたんしょおく》」と名付けられ、多くの民俗学関係者が訪れたと言われる。現在は全面的に建て替えられて、子孫の方が緑蔭館ギャラリーを運営しておられる。元の建物は平成元年國男ゆかりの長野県飯田市に移築され、飯田市美術博物館の付属施設として開館している。この角を右折して南に進むと、右手の奥まったところに水上勉《みずかみつとむ》（一九一九～二〇〇四、作家）が昭和三十八年に移り住んだ家があった。そのさらに南側に平塚らいてう（一八八六～一九七一、女性解放運動家・評論家・作家）の住居があった。らいてうの夫奥村博史が成城学園の教師をしていた関係で、昭和二年の小田急線開通のその日に移り住んだという、成城の入居者の草分け的な存在だったようだ。

　小田急線の成城学園前駅は至近の距離にある。北口のすぐ前にスーパーマーケット成城石井発祥の店舗と本社がある。

八王子市　昔、千人同心と絹の街

２０２３年１１月記

八王子市の地理と歴史

八王子市は、その西半分を取り囲むように高尾山を始めとする山地が連なり、そこから東方に大小の丘陵が伸びている。市域のほぼ中央から東部にかけては盆地状になっており、市内の大部分が多摩川の支流である浅川の流域である。八王子の豊かな自然に恵まれた台地や丘陵地を中心に、旧石器時代・縄文時代・弥生時代の遺跡が多数発見された。古墳時代から奈良時代にかけて盆地内に小さな集落が点在するようになり、小さな円墳も点々と残されている。

平安時代には、関東各地は名馬の産地として有名であり、武蔵の国は皇室用の良馬を育てる「御牧《みまき》」の中心であった。この御牧が東国武士を育てる素地となり、中央から下ってきた武蔵守・介・権守・権介が、任期が満ちても都に帰らず、任地に土着して武蔵七党とも呼ばれる武士団を形成したのである。八王子に勢力を持ったのが横山党であった。横山氏は鎌倉時代には衰退した。

室町時代には、小田原に本拠を置いた小田原北条氏の三代目氏康の三男氏照が八王子城を築いた（一五八七）。関東屈指の山城であったが、豊臣秀吉の関東制圧の一環で、前田利家・上杉景勝軍に攻められて落城し、この落城が決め手となって小田原城は開城、北条氏は滅亡したのである（一五九〇）。

江戸時代に入ると、甲州道中沿いに現在の八王子市街地の前身となった八王子宿が建設された。甲州道中は五街道の一つであったが、幕府の公用通行は高遠藩・飯田藩などの限られた藩の参勤交代、江戸城へ宇治茶を運ぶ茶壷道中、甲府勤番の交代だけであった。江戸時代後期には大山や富士山、高尾山への旅人で賑わった。なお、甲州道中という呼び方は、一七一六年、新井白石の意見で、五街道のうち日光・奥州・甲州の三つの街道は、海の端を通らないのに「街道（海道）」はおかしいというので、「道中」の表記を用い、それぞれ「日光道中・奥州道中・甲州道中」と呼ぶことにした。明治になって元の「街道」に戻ったのである。

江戸幕府が、政治的・軍事的に重要な土地である八王子に配置した武士団が、八王子千人同心である。八王子千人同心は、始めは八王子周辺の警備や治安維持などを行なっていたが、まもなく徳川家康を祀る日光山の防火と警備が主な役割となった。これは「日光勤番」といわれ、日光東照宮を火事から守るため、五十人の千人同心が半年交代で勤めていた。また、寛政年間の一八〇〇年には、千人頭原胤敦が千人同心の子弟百人を率いて蝦夷地の開拓にも従事した。千人同心は非番のときは農業に従事していた。

八王子が織物の町として知られるようになったのは江戸時代の中期以降である。はじめは八王子周辺の村々で生産された織物が、八王子宿の市に集められてから出荷されていた。開港（一八五九）によって外国との貿易が始まり、日本の生糸が輸出品の花形になると、幕末から明治にかけて、長野・群馬や八王子周辺から多くの生糸が、八王子を経由して輸出するために横浜へと運ばれた。この道は「絹の道」と名付けられ、横浜から伝えられる近代文明の通り道ともなり、交通や物流の要所となったのである。またこのことから、八王子市は「桑都」という美称で呼ばれるようになった。

八王子を中心とする交通網の整備も進み、明治二十一年（一八八八）に甲部鉄道（現・ＪＲ中央本線）の八王子～新宿間が、同四十一年（一九〇八）に横浜鉄道（現・ＪＲ横浜線）の八王子～横浜間が、また、ＪＲ八高線（八王子～高崎）が全面開通したのは昭和九年（一九三四）である。

第二次世界大戦終戦間近の昭和二十年（一九四五）八月に大規模な空襲があり、甲州街道沿いは焼け野原になった。復興を支えたのは、いち早く発展した織物業であり、昭和三十～四十年代には全国一、二の織物産地としての地位を築いた。また昭和四十年代以降は、東京近郊の多摩丘陵は宅地開発が進み、また、大学の誘致や工業団地の開発、工場の誘致なども進んだ。

（以上の八王子市の歴史については、平成三十年刊・郷土資料館ガイドブックを参考にした）。

本稿は、二〇二三年六月に、梅雨の合間を見ながら二度にわたって行った八王子市内の散策を、適宜アレンジして取りまとめたものである。

第一日目（八王子の市街地）
京王八王子駅・アイロード・子安神社・市守大鳥神社・竹の花公園（史蹟一里塚跡）・桑並木通り・ＪＲ八王子駅・ユーロード・中町黒塀・八幡八雲神社・妙薬寺
京王八王子駅から駅前の**アイロード**と呼ばれるバス通りの左方向（南西の方向）にＪＲ八王子駅が見える。中ほどにある信号で道路を渡り、歩道上にある「友の顔」と題す

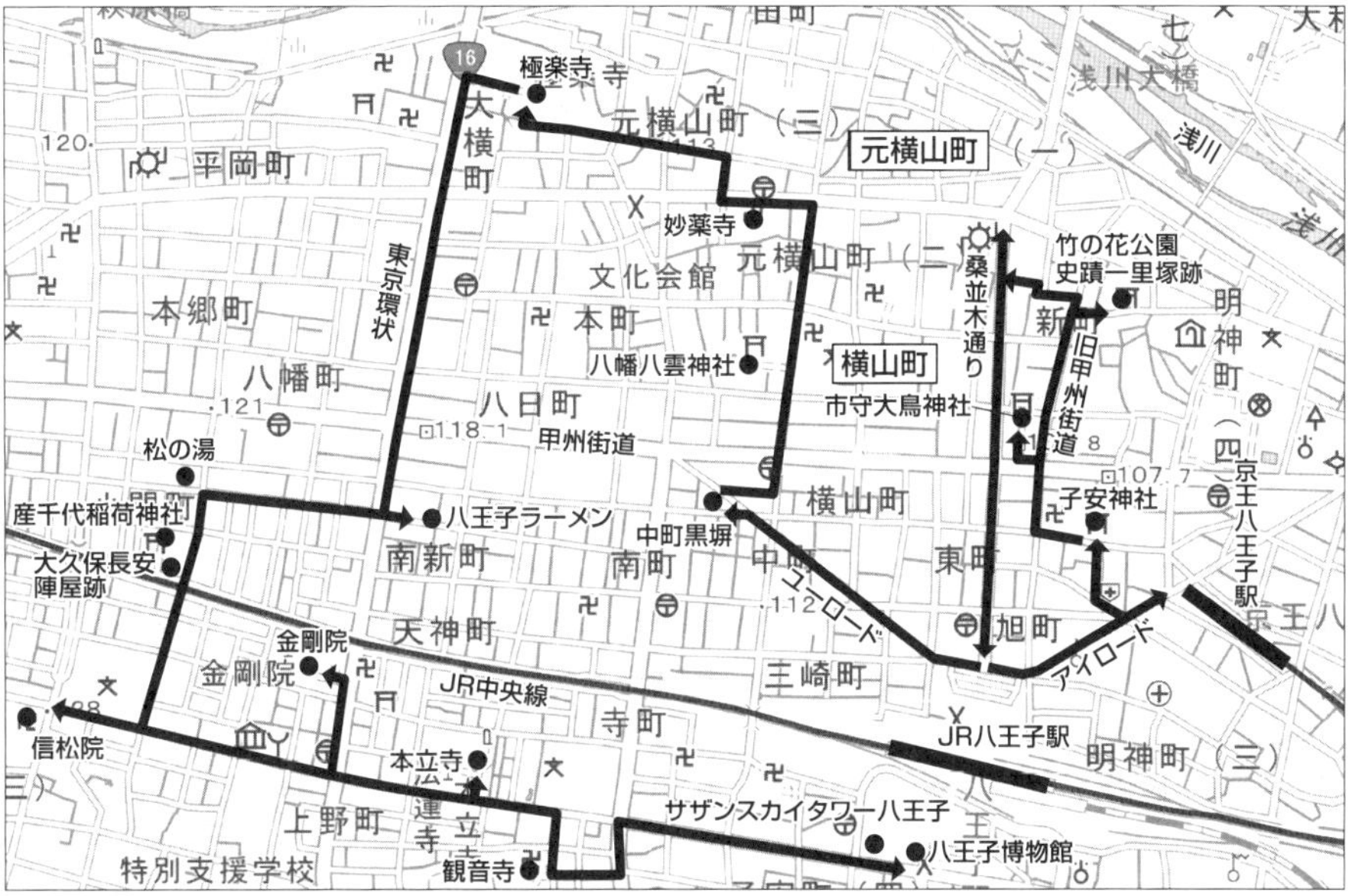

る石の彫刻を通過し、北向きに細い道を進むと正面に**子安神社**の鳥居が見えてくる。子安神社はその名の通り安産の神様として、篤く信仰されている。境内には「大明神の池」と呼ばれる湧水池がある。この付近は浅川の流れにも近く湧水が豊富で、かつては水を利用する織物工場や織染学校、繊維試験場が立地し、八王子織物の礎を築いたとされている。この北を東西に走る甲州街道の北側には**市守《いちもり》大鳥神社**がある。毎年十一月の酉の日には商売繁盛を祈願する酉の市が開かれる。

市守神社より更に三〇〇メートル程北の**竹の花公園**には、「**史蹟一里塚跡**」と彫られた立派な石碑（市指定史跡）がある。この地は甲州道中八王子宿の東の入り口に位置し、江戸から十二里にあたる、との説明書きがある。昔の甲州道中は浅川を渡ってからこの石碑の前を通った後左折して、先刻筆者が歩いてきた市守大鳥神社の横から現在の甲州街道と合流していたのである。このことは後日八王子博物館の学芸員に確認した。防衛上の観点からこのような鍵の手状の回り道が造られたということのようだ。

筆者の散策は、石碑の前から西に向かって歩き、ＪＲ八王子駅から真っすぐ南北に走る大通りに出た。この道は**桑並木通り**と呼ばれており、通りの名を示すプレートの下に、「桑並木通り」と記された丈の低い記念碑がある。八王子がかつて絹織物で栄えた町であったことを記念して、昭和二十九年（一九五四）に片倉工業八王子製糸所から寄贈された桑の木五十本が道路の両側に植えられたのが始まりである。しかしその後道路の地下に駐車場が建設されたのを機に、甲州街道より南はすべてマロニエの木に植え替えられ、桑の木はこの通りの北の端一〜二ブロックの十数本程度に限られることになってしまった。桑は実が落ちて歩道を汚すことや、剪定が難しいことなど、街路樹として適切とはいえないのがその理由だとされている。しかし折角残された桑の木に、それを示すプレートなどが全く付けられていないのは、マロニエの木の幹には数本おきに「俗名〝マロニエ〟和名〝紅花とちの木〟」とその名を示すプレートが付けられていただけに、残念であった。

　ＪＲ八王子駅の前の観光案内所で、市内の地図・観光案内パンフレット・バス路線図などをもらった。ここで郷土資料館が移転したことも聞いた。次に北西に向かう**ユーロード**を歩いた。八王子市街地の道路は、碁盤の目というわけにはいかないが、概ね東西・南北に走っている。アイロードとユーロードだけが例外でそれぞれ東放射線・西放射線とも呼ばれている。この日のユーロードでは全国陶器市が開かれて賑わっていた。この道はアイロードと対称の位置にあるが、バス道路のアイロードと違って、全面石畳が敷かれ、こうしたイベントの催しにも使われているところを見ると、旧来の商店街の風情が残されているように思われる。

　ゆったりと十分ほど歩くと、左手に細い道があり、中に入ると「中町・八王子花街」と彫られた真新しい石碑が建っている。別のところには「構成文化財・八王子芸妓・日本遺産・桑都物語」との看板を掛けた建物もある。このあたり一帯が、昭和の中頃まで織物問屋の旦那衆などで賑わった八王子花街・**中町黒塀**なのである。八王子三業組合の看板のかかった建物があったので中に入って聞いてみたら、かつては三百人もいた芸者さんは、現在では十三人に減っているとのことであった。市を挙げて伝統的文化を保存しようとの意気込みは感じられるが、中には、白塗りコンクリート造りの壁に、黒いペンキを塗っただけの〝にわか造りの黒塀まがい〟も散見された。

　ここで北方向に進み、甲州街道に出ると角に郵便局がある。この郵便局辺りが、北条氏照の家臣で八王子の町割りをしたという長田《おさだ》作左衛門邸跡といわれているところである。この交差点で甲州街道を渡って北に向かって暫らく進むと、江戸時代初めから八王子東部の鎮守として親しまれてきた**八幡八雲神社《はちまんやくも》**がある。この辺りは、平安時代末から鎌倉時代にかけて武蔵七党のうちで、最大規模の武士団であった横山党根拠地（都旧跡）とされている地である。付近には今でも横山町・元横山町といった地名が残っている。八幡八雲神社から北へ二〇〇メートルほど行ったところにある**妙薬寺**（真言宗）の境内には、横山塔と呼ばれる横山氏の供養塔（都旧跡）がある。一五六〇年建立の塔で、横山氏の墓とも伝えられている。このようなことから、この元横山町付近一帯は、平安時代の横山氏一族の発展にとって重要な意味を持っていたことが推測される。

極楽寺・八王子ラーメン・大久保長安《ながやす》陣屋跡（**産千代《うぶちよ》稲荷神社**）

妙薬寺から西に向かい、少し北に入ると**極楽寺**（浄土宗）がある。山門を入って本堂に向かう参道脇に、長田作左右衛門の墓（都旧跡）がある。一五九〇年の八王子城落城後、交通の要衝に位置していた横山の地に町割りが行なわれ、八王子町が成立した。この町の建設を推進したのは、各地から集住した北条氏や武田氏の浪人たちであったが、直接町割りを担当したのが、長田作左右衛門（八王子城主北条氏照の家臣）であると伝えられていることは前述した。中央の墓石の脇には、一八五二年に親族によって建立された五基の供養塔が並んでいる。

極楽寺のすぐ西を南北に走る東京環状（国道16号線）を十分ほど南下すると甲州街道に達するが、そのまま直進し、三本目の角を左折して二ブロック歩くと角に「ちとせ」という名のラーメン屋がある。ＪＲ八王子駅前の観光案内所でもらった「八王子まちなかマップ」の裏には、ご当地ラーメンの**八王子ラーメン**の店が十一軒リストアップされている。どういうわけかそのリストの一番目に「ちとせ」が載っていたので、この辺りでちょうど時分時になるであろうとねらいをつけていたのである。醤油味のもやしラーメンを注文したら、汁の色がほぼ真っ黒に見えたのには驚いたが、味は意外にさっぱりしていて脂っこくなく、麺は昔懐かしい中華蕎麦を思い出させるような素朴な味で、私としては大層美味しくいただいたのである。

ラーメン屋を出て四〇〇メートル程西に向かって歩き、松の湯という銭湯の角を左折すると、程なくして右側に**産千代《うぶちよ》稲荷神社**がある。ここに**大久保長安《ながやす》陣屋跡**がある。鳥居をくぐり階段を昇って行くと、社務所のある建物のはずれに長安陣屋井戸がある。大久保長安（一五四五～一六一三）は、元は武田信玄の家来で租税や食料などの民政を担当していたが、徳川家康が関東へ国替えになった時家康に従い、その才を認められてこの地に陣屋を設けて、代官頭として八王子などの街の整備・支配をしたのである。その後も、財政・交通・産業など活躍は多方面に渡った。特に石見銀山・伊豆金山の奉行、佐渡の代官として各地の金銀山の増産に成果を上げ、才能を発揮した。しかしその死後、家康から各地の鉱山開発に伴う蓄財やその他の不正の疑いをかけられ、財産は没収され、子弟は死罪に処せられたという不幸な結末を迎えたのである。

信松院・金剛院・本立寺《ほんりゅうじ》・観音寺・八王子博物館

　大久保長安陣屋跡を出て南下し、ＪＲ中央線の踏切を渡って市立第七小学校を過ぎて右折し、二〇〇メートル程西に進むと**信松院**がある。武田氏滅亡後、難を逃れてこの地に草庵を営んだ、武田信玄の四女松姫（信松尼）ゆかりの寺で、開基は松姫、院号はその法名に由来する。江戸時代の初め、松姫は武田家遺臣の多かった八王子千人同心の精神的な支えでもあった。松姫の墓は、墓域中腹に建てられている。

　信松院から東向きに戻り、五〇〇メートル程進んで信号を左折すると、ＪＲ中央線の手前に**金剛院**（真言宗）がある。別格本山とされる立派な佇まいである。金剛院から南に向かって元の信号を左折して二〇〇メートル程行ったところに**本立寺**《ほんりゅうじ》（日蓮宗）がある。この墓域には原胤敦の墓がある。原胤敦は千人頭として、一八〇〇年千人同心の子弟およそ百人を率いて蝦夷地の開拓に従事した。一八〇四年函館奉行の支配調役に任ぜられた。さらに一八一〇年からは『新編武蔵風土記稿』に従事、一八二七年に八十一歳で没した。

　本立寺を出ていちょう公園を過ぎてすぐ右折し、一〇〇メートル程南へ行くと**観音寺**（真言宗）がある。その山門は、千人頭中村左京の屋敷門を移築したものと伝えられている。また、幕末に親子二代にわたって西洋医学を学んだ秋山義方の墓もある。義方は高野長英と親交があったと伝えられる。

　観音寺を出て東に進み、東京環状を横切るころから前方に見える一際高いビルがＪＲ八王子駅前に建つサザンスカイタワー八王子のビルである。その三階に桑都日本遺産センター・**八王子博物館**（愛称はちはく・郷土資料館の後身）がある。郷土資料館が建て替えのため閉鎖され、この地に移ってきていることを駅前の観光案内所で聞いていたので途方に暮れずにすんだ。ここで前述の八王子の歴史を概説したガイドブックを入手できたおかげで、本稿の構想も出来上がったのである。

第二日目（千人町界隈および絹の道）

追分道標・八王子千人同心屋敷跡記念碑・興岳寺・宗格院・真覚寺・万葉公園・めじろ台駅～北野駅

　八王子駅からバスで追分まで来た。ここは甲州街道と陣馬街道（案下道《あんげみち》）の分岐となるところで、分岐点にある**追分道標**には、三方に「左 甲州道高尾道」「右 あんげ道」「文化八年六月 江戸清八」と刻まれている。江戸の清八という足袋屋が、一八一一年に高尾山に銅製の五重塔を奉納した記念に建てたものである。追分の道標から右の陣馬街道に入るとすぐの新道と旧道の三角地に、**八王子千人同心屋敷跡記念碑**がある。追分町から千人町にかけては、千

人同心頭の拝領屋敷を中心に同心の居住地があった地域である。

追分から甲州街道を西へ二〇〇メートルほど進み、千人町一丁目の信号を左に入ったところに、千人同心の石坂氏開基の**興岳寺**がある。本堂前には幕末期の千人頭石坂義礼《よしかた》の顕彰碑がある。義礼は、日光勤番（火の番）最後の責任者で、日光東照宮を官軍に無血引渡しをして帰還したのち、その責任を負って自刃した。第二次世界大戦後、日光東照宮を戦火から救った功労者の一人として認められた。千人同心の日光勤番が縁で、日光市と八王子市は昭和四十九年（一九七四）に姉妹都市になっている。

甲州街道に戻ってそのまま直進し、道なりに西に向かい、浅川の土手が見えたところで左折すると次のブロックの角にあるのが**宗格院**《そうかくいん》（曹洞宗）である。宗格院は、千人同心ゆかりの寺であり、山門脇には**千人隊顕彰碑**がある。墓域には松本斗機蔵の墓（東京都指定史跡）がある。斗機蔵は千人同心組頭の家の長男として生まれ、幼少より学問を好み、塩野適斎の門に入りのち湯島の昌平坂学問所で、天文・地理・兵制等を学び洋学を修めた。江川太郎左衛門・渡辺崋山らと交わり海外事情にも精通し、海防問題を論じ、日本開港を主張した。老中水野忠邦にも認められ、浦賀奉行に抜擢する方針であったが、一八四一年病のため急逝し、実現しなかった。庫裏《くり》の裏手には、大久保長安が、浅川の度重なる氾濫を憂慮して、慶長年間（一五九六～一六一五）に川沿いに堤を築かせた**石見**《いわみ》**土手**の一部が残っている。明治末期までは、所々に残存していたが、現在ではこの地に石垣堤が六〇メートルほど残るのみである。又と来る機会はないと思ったので、呼び鈴を押して住職のご出馬を願い、庫裏の裏まで案内してもらって見たが、土手は高さ五〇センチメートル程しかなく、あまりの低さに驚いた。「皆さんそう仰います。ここより川の近くにもっと高い土手があったようです」との返答があった。

再び甲州街道に戻って、イチョウ並木を一キロメートル余り歩き、並木町郵便局の角を左折し、ＪＲの下を潜って万葉けやき通りを渡ってから右折して二つ目の角を左折し、道なりに進むと**真覚寺**（真言宗）がある。境内には、幕末の千人同心の名簿ともいえる「番組合之縮図」を著した千人同心二宮光隣の碑がある。真覚寺の心字池はこの南に位置する小比企丘陵の北側斜面からしみ出した湧水によって潤っている。この池は江戸時代から広く知られ、冬眠から覚めたヒキガエルが池に集まり繁殖のため雄同士が争う様子は「蛙合戦」として有名だった。かつては市指定天然記念物だったが、蛙の数が減ってしまったことから、現在は「真覚寺蛙合戦の旧地」として市指定史跡になっている。

真覚寺から出て丘陵地を上って行くと頂上の台地は**万葉公園**という広々とした公園になっている。万葉歌碑もあるようだが、先を急いでいたのでなだらかな斜面を下って、京王高尾線めじろ台駅に直行した。めじろ台駅は京王めじろ台団地のほぼ中央に位置し、特急電車の停車駅となっていて、特急電車で北野駅まで行った。

北野駅・北野天満社・バス（北野駅北口〜北野台三丁目）・絹の道・絹の道資料館・諏訪神社・永泉寺・小泉家屋敷

北野駅の駅舎の中に蕎麦屋があったので遅めの昼食をとった。普通はそういうことはしないのだが、ここにもご当地ラーメンがあったので注文してみた。ごく普通の醤油ラーメンだったが、麺はやはり素朴な中華蕎麦といった感じだった。そこで先ず訪れたのは駅の北側の**北野天満社**である。八王子市北野町の地名の由来になっている。創建は不明だが、横山党の一族が京都北野天満宮を勧請したとされている。境内には一六〇〇年代に植えられたとされる御神木のケヤキが現在でもある。

駅前に戻って西部北野台行きのバスに乗って北野台三丁目で降りた。乗ってしまえば十五分もしないで目的地に着くのだが、このバスは一時間に一本程度しか走っていないので、あらかじめ時間を確かめておく必要がある。途中絹ヶ丘・北野台・片倉台といった、大規模な住宅団地の縁を辿って大回りして目的地に着いた。地図で見る限り、どの団地も真っすぐの道路で仕切られた東西に長い短冊が規則的に並んでおり、そこに割合ゆったり目に一戸建ての家が建ち並んでいる。多摩丘陵の新興住宅地の一端を垣間見た気がした。

これらの団地は、昭和の終り頃から平成にかけて入居が進んだ団地であり、いずれも住民の高齢化が進み、空き家問題も発生しているものと推測された。その程度は、最寄り駅からの距離や、バス等の公共交通の便利さによって異なるというのが筆者の受けた印象である。絹の道資料館で知り合った片倉台に居住する八王子博物館の職員（この日は非番で自分の勉強のために来ていた）は、「電車の駅までは遠くバスは一時間に一本しか来ないので自家用車なしには生活できない。高齢化が進み若い人の新規入居もないので小中学校の児童生徒の数は激減している。空き家も増えていて、ハクビシンが出没したという話も聞く」と言っていた。他方、絹ヶ丘に住む筆者の友人（高齢者）は、「特急が停まる北野駅まで行きは下り坂なので歩いて行ける、帰りは上り坂でバスに乗るが、バスは十分間隔で来るので全然問題ない。子供の声もよく聞くので高齢化・少子化もさほどではないのではないか」とのことであった。後日八王子市役所に電話で問い合わせてみたが、筆者のこのような感想を裏付けてくれるような人にはついに行き当たらなかった。

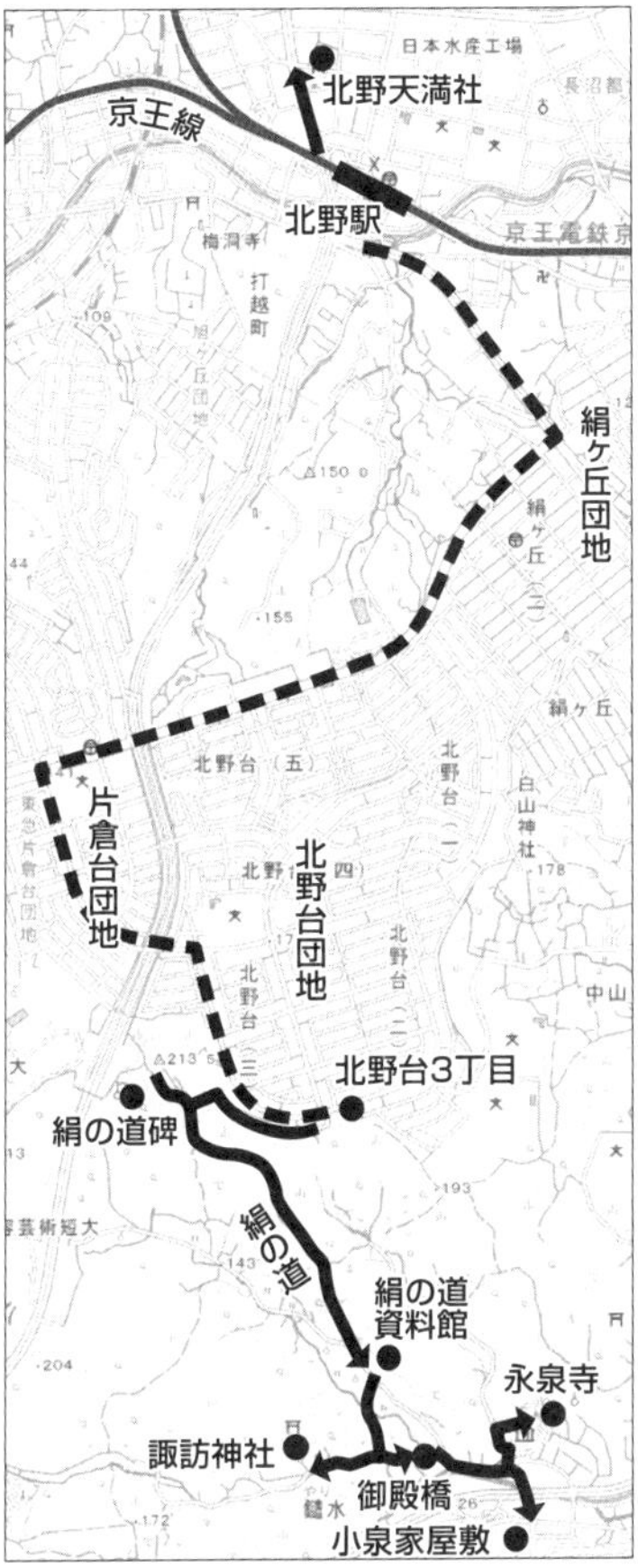

　北野台三丁目のバス停で降りて道路を渡ると、道路沿いの小高い丘に二列の石段がある。左の石段はブロックされているので、右側の石段を上がる。石段を上がり切ったところに、「管理地・西武鉄道株式会社」と書かれた大看板があった。しかし、この階段を昇って行けば絹の道に行けますよといった案内板はどこにもなかった。この事は絹の道資料館で出会った八王子博物館の職員には指摘しておいた。絹の道を観光資源として売り出そうとしている八王子市の観光当局にも伝えてくれるよう示唆しておいた。同時に、絹の道資料館のパンフレットには、北野駅からのアクセスは掲載されていないことにも触れておいた。

　階段の後、曲がりくねった山道をひとしきり登って行くと、**絹の道碑**がある。この碑の背後にある階段の上は見晴らしの良い大塚山公園となっている。絹の道碑の前からこれから行くふもとの御殿橋までの約一・五キロメートルが「**絹の道**」として市の史跡に指定されている。このうち特に昔の面影をよく残す未舗装部分約一キロメートルは、文化庁選定の「歴史の道百選」

にも選ばれている。絹の道は、往時は八王子から横浜まで続いていたはずだが、開発でその大部分は失われてしまい、山の中のこの範囲だけが今に残っているのである。前述したとおり、一八五九年に横浜港が開港されると、長野・群馬・埼玉・山梨や多摩地方で生産された安価で上質な生糸は、重要な輸出品となった。いったん八王子に集められ、かつては浜街道と呼ばれたこの道を通って横浜へと運ばれた。生糸の流通の仲買で活躍したのがこの地元の鑓水《やりみず》の商人たちであった。また、横浜に来航した外国人たちもこの道を通って八王子や高尾山などへ観光に行った。トロイアの遺跡を発掘したドイツのシュリーマンや、イギリスの外交官アーネスト・サトウが記録を残している。

市指定史跡「絹の道」の中心的な施設が、平成二年に開館した**絹の道資料館**である。かつての鑓水の生糸商・八木下要右衛門家屋敷跡に、発掘調査による遺構の確認や、石垣の復元などを経て、生糸商人屋敷の景観をイメージした木造の門や、入母屋屋根を持つ建物が建てられた。展示室には、絹の道と生糸商人の関係や、製糸・養蚕に関する資料が展示されている。たまたま来館していた前述の八王子博物館職員が色々説明してくれた。

絹の道資料館を出て門の正面に続く道を道なりに進み、ぶつかった道を右折すると、右側の山に「細い石段と平地」が四回ほど繰り返されて上った頂上にあるのが**諏訪神社**である。鑓水村の鎮守であり、大きなイチョウと鑓水商人の遺産が見どころで、生糸商人寄進の石灯籠が建ち、四棟の社殿は市指定有形文化財である。諏訪神社を出てもと来た道を進み、絹の道に達したところにあるのが**御殿橋**である。御殿橋の北側には「八王子道 はしもと 津久井 大山 はら町田 神奈川 ふじさわ」と彫られた慶応元年(一八六五)の道標がある。この道標からすぐ近くにある「老人ホーム絹の道」の東に、**永泉寺**(曹洞宗)がある。本堂は一八八四年に八木下要右衛門家主屋を移築したものである。墓地には八木下家のほか、代表的な鑓水商人で、鑓水村の名主を務めた大塚家の墓などがある。

鑓水中央の交差点を南へ一〇〇メートル進むと、**小泉家屋敷**がある。一八七八年に建てられた主屋は、入母屋造りの茅葺き屋根で、屋根裏には蚕を飼っていた蚕室がある、多摩丘陵の典型的な養蚕農家であった。土蔵・納屋・堆肥小屋と裏山を含めて、都有形民俗文化財に指定されている。現在は子孫の方が住んでおられるので、敷地には入らないでくださいとの注意書きが門前に立っている。

鑓水中央のバス停から京王線南大沢の駅に出て、多摩センター経由で小田急線に乗り換えて、帰宅の途に就いた。

玉川・岡本・瀬田・上野毛

二子玉川から岡本・瀬田・上野毛の国分寺崖線へ

2024年 5月記

国分寺崖線は、多摩川が十万年以上の歳月をかけて武蔵野台地を削り取ってできた崖の連なりで、立川市から大田区まで、野川にほぼ平行に、全長約三〇キロメートルにわたる。崖の高さは一〇メートルから二〇メートルであるが、下流に向かうにつれて高低差は大きくなり、岡本・瀬田など世田谷区のこの辺りでは概ね二〇メートルにも及ぶ。崖線には樹林や湧水などの大きな自然の恵みが連なっており、また、崖の上からの眺望は素晴らしい。そのため明治・大正・昭和の著名人は崖の上から下までに及ぶ広大な敷地に豪壮な別邸を建てた。今回の散策はこのような大邸宅の跡を探るものでもあり、二〇メートルにも及ぶ崖を何度も上り下りすることとなった。

　本稿は、二〇二二年九月下旬に、東急田園都市線二子玉川駅から出発し、岡本・瀬田等の国分寺崖線を歩いた東京シティガイドクラブのツアーに参加した時の記録を元に書き上げたものである。また、末尾の五島美術館については二〇二四年四月末に別途訪れた。

二子玉川駅・二子玉川ライズ・花みずき通り・吉沢橋・幽篁《ゆうこう》堂庭園跡

　東急田園都市線・大井町線の二子玉川駅の東側に、旧二子玉川園跡地に開発された**二子玉川ライズ**がある。その中のショッピングセンターになっている中層ビル（五階建て）の屋上には、エコ・ミュージアムと呼ばれる、多摩川の生態系を学べるビオトープ（生物が自然な状態で生息している空間）や原っぱがある。南側には眼下に多摩川・川崎市の街並みや丹沢の山々、そしてその奥に富士山が見渡せる。東側には楽天などが入っている高層ビルが隣接し、北側には東急田園都市線と大井町線の向こうに緑の帯のようになっている岡本・瀬田・上野毛の国分寺崖線が見え、

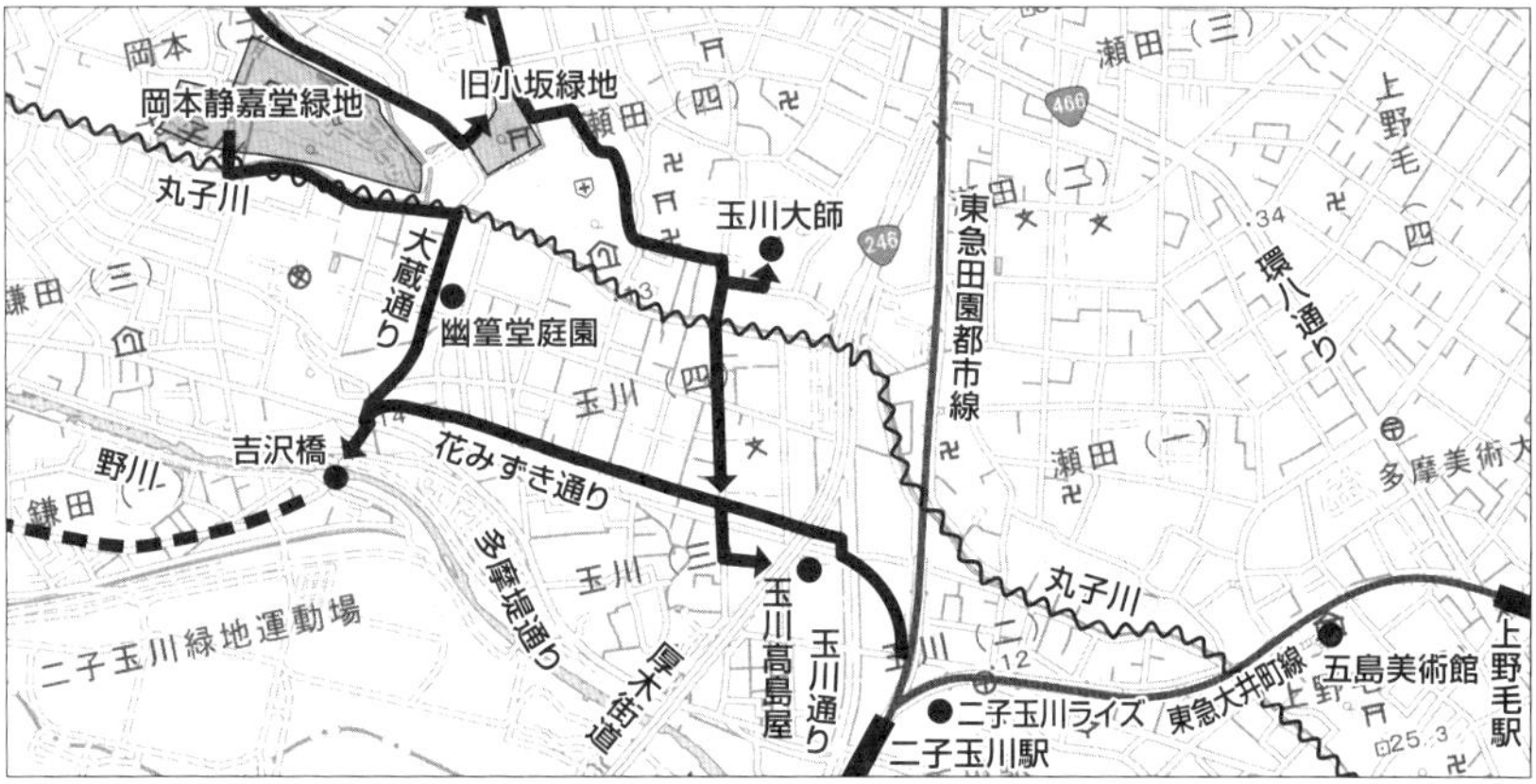

大井町線の線路が瀬田と上野毛の間の崖を駆け上がっている様子も見える。

二子玉川ライズを出て、先ずは大井町線の、次いで田園都市線のガードをくぐってから右折して線路際の道に入った。この道に沿って今は廃線となった**東急砧線**が走っていたのである。旧砧線は二子玉川駅を発車直後に、ほぼ九〇度のカーブを描いて国道２４６号（玉川通り）を横断して西に進み、吉沢橋の所でまずは多摩堤通りを、次いで野川を横切ってさらに西進し砧下浄水場の脇を通っていた全長僅か二キロメートル程の支線であった。元々は玉川の砂利を運んでいたため「ジャリ電」と呼ばれたが、多くの人も運び周囲の発展に貢献していた。しかし昭和三十九年（一九六四）に多摩川の砂利採掘が禁止され、昭和四十四年（一九六九）に廃線になったのである。田園都市線と並行している道路の脇に、今でも所々線路際に設置されていたコンクリートの柵が残っている。線路が北向きから西向きに急カーブしていた所が雑草の生えた空き地だったので、線路際のコンクリートの柵に沿って歩き西向きの細い道に入った。そして先ずは玉川通りを、次いで厚木街道を横切って、厚木街道から西へ進みやがて多摩堤通りに合流する広い通りの一本北の道に入った。

この道が砧線跡の道であり、**花みずき通り**と名付けられている。砧線の軌道の跡が車道とされ、側道が歩道とされたようで、ゆったりとした歩道の車道側には植え込みがあり、花みずきの並木ができている。しばらく歩いていくと歩道の車道側に砧線中耕地駅と刻まれた石柱が建っている。また、道路全体がモザイクのように石のタイルが張られている所があり、そこのマンホールの蓋には砧線を走っていた当時の車両の絵が描かれている。近くには、砧線軌道跡と刻まれた石柱があり、上にカエル？　のオブジェが載っていた。

さらに歩くと通りは左に急カーブして**吉沢橋**という多摩堤通りと大蔵通りの交差点に達した。大蔵通りを左折して多摩堤通りを横切れば野川に架かる吉沢橋であるが、この日の行程では右折して大蔵通りを北方向に進んだ。世田谷総合高校前のバス停近くの四つ角の近くに**幽篁《ゆうこう》堂庭園**と刻まれた石柱が建っている。その一角には歩道も含めてブナの大木が並んでおり、ブロック全体が鬱蒼とした樹木に覆われている。この一角は骨董屋を営む本山豊實が幽篁堂庭園という茶の湯の庭を造り、その後、建築家吉田五十八氏の設計で不二サッシの迎賓館となっていた。現在はパークコート（三井不動産）の五階建て二棟のマンションになっている。

岡本公園民家園・岡本八幡神社・岡本静嘉堂緑地・岡本わきみず緑地

幽篁堂庭園のブロックを過ぎると**丸子川**に架かる下山橋に達する。丸子川の北側は岡本である。ここから先の大蔵通りは国分寺崖線の斜面を斜めに駆け上っている。この辺りに以前流れていた旧六郷用水（江戸時代に新田開発のために掘削された農業用水）は、昭和二十年（一九四五）に廃止されて以降、周辺の宅地化に伴い、大部分が下水道になったか暗渠になってしまっていた。その後、岡本の湧水などを水源として、岡本から大田区田園調布の辺りまでが開渠の丸子川として復活したのである。下山橋の手前で左折し、丸子川に沿って歩いた。国分寺崖線のふもとにあたり、鬱蒼と茂った崖線の上は**岡本静嘉堂緑地**である。そこからの湧水が流れ込んでくるので水は澄んでおり、水面にはカモの群れが泳いでいた。

丸子川に沿ってさらに歩いていくと、**岡本公園民家園**がある。園内には、瀬田から移設した旧長崎家住宅主屋（十八世紀末頃の建築）・旧浦野家住宅土蔵（江戸時代の末頃）・旧横尾家住宅腕木門《うでぎもん》（屋根のついた住宅の普通の門）などがある。世田谷トラストが管理運営しており、主屋の囲炉裏にはモンペ姿の年配の女性が座っていた。折からの彼岸期間中だったため、縁側には蕎麦・ぼたもち・団子が供えられており、「世田谷の各家では『入り蕎麦・中日ぼたもち・開け団子』といって彼岸中の各日に決まった特別な料理を作って仏前に供え、墓参りをしました」との説明が添えられていた。

民家園の裏には岡本隧道の銘板がある扉があり、このトンネルには直径八〇センチメートル、長さ一二〇メートルの送水管が通っている。大正時代に豊玉郡渋谷町（現在の東京都渋谷区）が玉川の水を引くために、砧下浄水場で取水・浄化した水をポンプアップして駒沢給水所に送り、三軒茶屋を経て渋谷に達する水道工事を行った。その際、砧下浄水場を出て直後の崖線を横断するのに、揚水ポンプの負荷を少なくするために、送水管専用として作ったのがこのトンネルである。次に、岡本民家園の裏の門を出て、坂道を上ると**岡本八幡神社**がある。岡本村の開村当時からの鎮守社だったと考えられている。松任谷正隆・松任谷由美夫妻が寄贈した石灯籠があることから、ユーミン神社と呼ぶ人もいる。

岡本八幡神社を出て急階段を昇ると高台の高級住宅街に出る。高台の先端部分約一万五千平方メートルを占めるのが**岡本静嘉堂緑地**であり、国分寺崖線の自然がそのまま残る。この地にある静嘉堂文庫は、三菱財閥二代社長岩崎彌之助（一八五一～一九〇八）とその息子で四代社長の小彌太（一八七九～一九四五）が集めた古典籍二十万冊と古美術品六千五百点のコレクションの収蔵施設で、世界に三椀しかない曜変天目（南宋）を含む国宝七点、重要文化財八十三点を収蔵している。建築家桜井小太郎設計による静嘉堂文庫の建物は、一般公開されておらず、研究者にのみ開示している（要紹介状）。庭園には、岩崎家と所縁の深い建築家ジョサイア・コンドル氏設計による霊廟もある。なお、この地にあった静嘉堂文庫美術館は二〇二一年六月に閉館したが、丸の内の明治生命館に移転し二〇二二年十月にオープンした。

岡本八幡神社から階段を上りきった所に戻り、そこからさらに高台に向かって北方向に歩くと、大蔵通りへの出口の脇に**岡本わきみず緑地**がある。そこには、国分寺崖線を形成する斜面樹林に、区内屈指の豊富な水量のある湧水が流入し、所々に湧水池ができている。緑地内のデッキから湧水の流れを観てその音を楽しみ、また、多様な生き物を眺めることができる。

旧小坂家住宅・伊木家下屋敷長屋門・国分寺崖線上の豪華別邸・玉川病院・玉川大師（玉眞院）

岡本静嘉堂緑地の淵を辿って走る大蔵通りの長い坂を下っていく。左手の高台の上には聖ドミニコ学園小・中・高等学校が見える。坂をほぼ下り切ったところから**旧小坂緑地**に入る。そこは小坂緑地の最下部であるが、入ってすぐの平坦なところに茶室の跡がある。この茶室には昭和二十年三月九日からの三か月間、日本画家・横山大観が疎開して移り住んでいた。大観の池之端の本宅は、大観が転出した翌日の三月十日に空襲で焼けてしまったのである。茶室跡を出て国分寺崖線の斜面に作られた庭の通路を上ると、約二〇メートル上の高台の地に**旧小坂家住宅**が建っている。ここは小坂順造（一八八一～一九六〇、衆議院議員・信越化学社長・信濃毎日新聞社長などを歴任、外務大臣小坂善太郎・運輸大臣小坂徳三郎の父）が昭和初期に建てた別邸であったが、本宅が空襲で焼失すると本宅になった。

建物の設計は清水組（現清水建設）、建物面積は三三〇平方メートル（約一〇〇坪）であり、世田谷区指定有形文化財になっている。玄関を入ると順造の故郷長野市内千曲川の豪農の館を思わせる土間と吹き抜け、太い梁が現れ、奥に居間・茶の間・書斎・茶室・寝室など九室がある。書斎や居間は洋室で暖炉もある。ただし空調は中央管理システム（暖房はボイラーによる暖気を各部屋に送風）のため、暖炉は飾りあるいは家具の一種だったと考えられている。居間と茶の間の庭側に縁側があり縁桁《えんげた》（縁側の垂木を支える横木）には五メートルの北山杉が使われている。寝室の脇には洗面所を介して更衣室がある。照明器具は当時からのものも多いという。玄関脇には玄関番を兼ねた書生の部屋、向かいには電話室、その前の女中室には呼び鈴がついていて、どの部屋で用事があるのか即座に分かるようになっていたそうである。蔵は小坂順造氏の骨董収集によるお宝で満たされていたと伝えられる。

小坂家住宅を表門から出て、さらに高台の方向のマンション群の奥に**伊木家下屋敷長屋門**がある。岡山藩城代家老・伊木家の下屋敷にあったと伝えられる長屋門形式の表門である。昭和十二年（一九三七）実業家・鮎川義介の紀尾井町の自宅に移築され、鮎川の転居に伴い、昭和三十八年（一九六三）に、岡本のこの地に移された。さらに昭和五十三年（一九七八）、マンションの建設に伴い現在地に曳家され、保存されているのである。移築を繰り返しながらも保存状態は良く、建築当初の姿をよく伝えている。

以上のほかにも、明治四十年（一九〇七）の玉川電気鉄道が開通したころから、国分寺崖線上の台地に、豪華な別邸づくりが始まった。田健次郎（逓信省次官・衆議院議員・台湾総督など、田英夫の祖父）が上野毛に別邸を建てた。この家は後に五島慶太・昇邸となり、現在は五島美術館となっている。大正期には第一銀行の

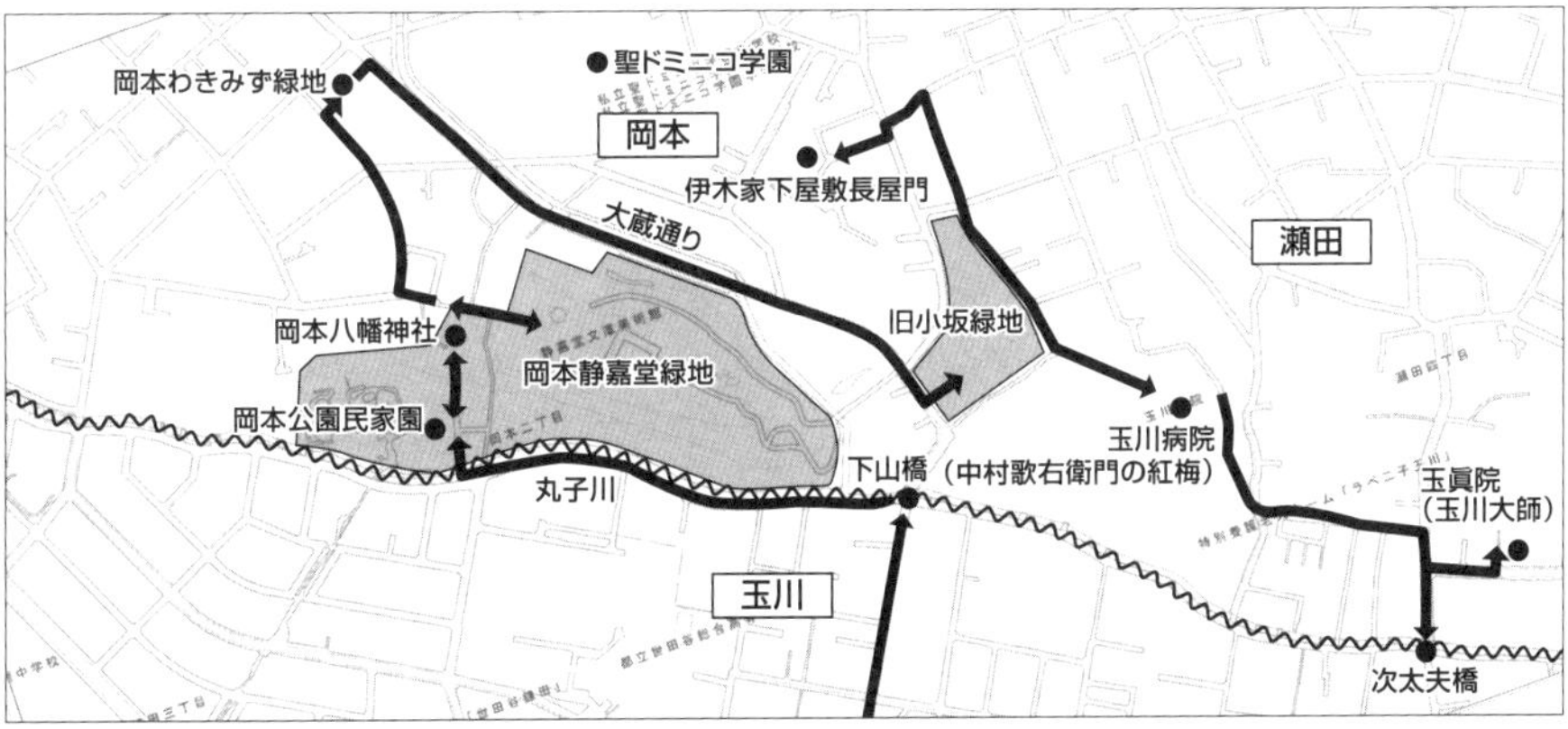

迎賓館（現セントメリーズ・インターナショナルスクール）や清水揚之助（清水組副社長）の屋敷（現日産厚生会玉川病院）など。昭和にはいると高橋是清（大蔵大臣・首相・二・二六事件で暗殺）邸（現玉川幼稚園）、岩崎久彌（三菱三代社長）邸（現聖ドミニコ学園）、久原房之介（日立製作所などの創始者）邸（現マンション）、徳川圀順《くにゆき》（水戸徳川家十三代当主）の屋敷（現スポーツクラブ）などがあった。

旧鮎川邸の長屋門から日産厚生会玉川病院の前を通って瀬田の斜面を下った。**玉川病院**の門の前に「**中村歌右衛門の紅梅**」と石の水鉢がある。歌舞伎の人間国宝になった六代目歌右衛門は岡本に住み、玉川病院ともゆかりが深かったところから、没後愛でていた梅の木を水鉢とともに贈ったということが、水鉢に貼り付けられたプレートに記されている。

さらに坂を下っていくと**玉川大師（玉眞院）**がある。大正十四年の創建であるが、弘法大師を本尊とする大師堂と地下霊場・遍照金剛殿は昭和九年に開基竜海阿闍梨が完成させたものである。地下霊場は、地下五メートルの深さの場所に、巡拝通路一〇〇メートルが設けられ、大日如来の胎内を巡る形になっている。四国霊場八十八か所と西国三十三か所の霊場の大師と観音約三百体および壁画を安置している。五〇〇円（以上）の拝観料を払い、靴を入口の棚に置いて、地下霊場に足を踏み入れる。中は要所々々がほのかに照らされていたほかは、通路はまさに漆黒の闇である。手で両壁を伝いながら少し凸凹やスロープのある足場を確認しながらの、おっかなびっくりの巡回となった。この霊場を巡れば、四国八十八か寺と西国三十三観音霊場のお遍路様と同じ御利益が得られるという。昭和初期、なかなか遍路に行かれない女性のことを思い、造られたようだ。

玉川大師を出ると、江戸時代に大山参りをする人が丹沢の大山・阿夫利神社を目指して歩いた大山街道に出た。丸子川（旧六郷用水）に架かる治太夫橋を渡り、玉川髙島屋経由で二子玉川駅に至り、東急田園都市線で帰路に就いた。

五島美術館

後日訪れた五島美術館は二子玉川駅で東急大井町線に乗り換えて、隣の上野毛駅（地下駅）で降りると、徒歩五分の所にある。前述した通り田健次郎が建てた邸宅がのち五島慶太（一八八二〜一九五九、東急グループの基礎を築いた実業家）の邸宅となり、現在は五島美術館として、慶太が半生をかけて収集した美術品を収蔵・展示しているのである。

二〇二四年四月上旬から五月上旬にかけて、五島美術館

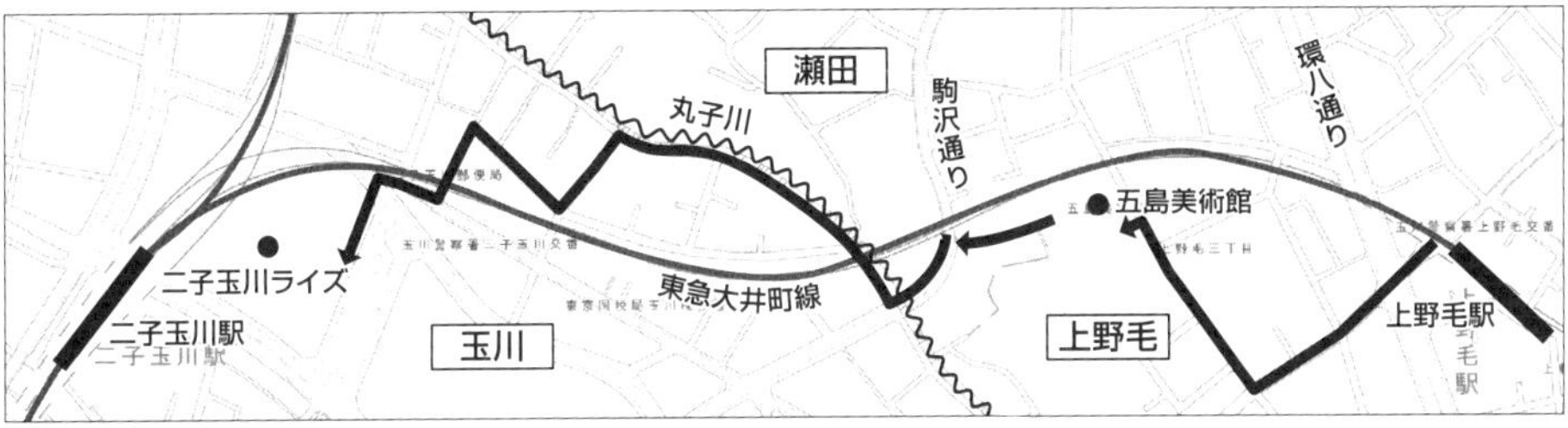

の収蔵品を中心として「王朝文化へのあこがれ」と題する展示会が開催された。平安時代の古筆をはじめ、絵画など名品約五十点が展示されていた。古筆の中では、藤原道長の時代に一条天皇の蔵人頭《くろうどのとう》（平安時代に天皇に近侍した役所の長官）となりのちに参議（平安時代に大・中納言に次ぐ役職、現在の閣僚に相当）になった藤原行成《ゆきなり》の筆が最も多かったように見受けられた。そのほか紀貫之・小野道風・藤原公任《きんとう》・西行などの筆もあった。さらに、藤原道長筆の写経もあった。

この展示会の一環としてゴールデンウィークの期間中に限って、五島美術館が収蔵する三帖四場面の**『源氏物語絵巻』**（国宝）が展示された。それを目当てにこの展示会に出かけて行ったのである。

『源氏物語』は言うまでもなく、平安時代の十一世紀の始め、藤原道長（九六六～一〇二七）の娘である中宮彰子に仕えた女房紫式部（生没年不詳）が著した物語で、主人公光源氏の生涯を軸に平安時代の貴族の世界を描いたものである。

『源氏物語絵巻』は、この源氏物語を絵画化した絵巻で、十二世紀に誕生した、現存する日本の絵巻の中で最も古い作品とされる。源氏物語五十四帖の各帖より一～三場面を選び絵画化し、その絵に対応する物語本文を書写した「詞書《ことばがき》」を各図の前に配し、「詞書」と「絵」を交互に繰り返す形式の、当初は十巻程度の絵巻であったと推定されている。このうち現存するのは五十四帖全体の四分の一、巻数にすると約四巻分である。五島美術館が収蔵している絵は四場面、かつて尾張徳川家が保有し現在は愛知・徳川美術館が収蔵している絵は十五場面である。両方とも現在は保存上の配慮から、詞書と絵を離し巻物の状態から桐箱製の額装に改められている。なお、五島美術館が収蔵する四場面は次のとおりである。

三十八帖鈴虫一：八月十五夜の夜、冷泉院のもとに公達が集い、鈴虫の声を聴く宴が催された。

鈴虫二：八月十五夜の夕暮れ、出家した源氏の正妻女三宮《おんなさんのみや》が営んだ仏事に源氏が訪ね、ともに念仏を唱えながら鈴虫の声を聴いた。

三十九帖夕霧：源氏の息子夕霧の浮気に妻（雲居《くもい》の狩《かり》）は嫉妬にかられ、浮気の相手からのものと邪推して、夕霧か

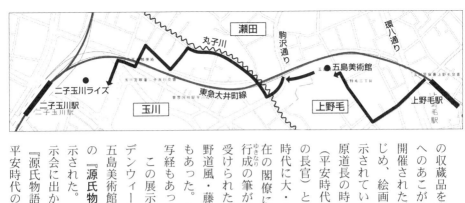

ら手紙を奪い取ったが、実は別の人からのものであったのでますます気まずいことになった。

四十帖御法《みのり》：源氏の糟糠の妻紫《むらさき》の上《うえ》は、体調を崩しながら自ら法事を主宰したが、体調はさらに悪化し、源氏に看取られながら世を去った。

以上の展示と動画による源氏物語絵巻の説明を観た後で、庭園を散策した。建物が建っている台地から崖下までの高低差は、庭園案内図の説明によると三五メートルに及ぶとなっているが、これはややオーバーであろう。健脚コースの崖だとあえて誇張しているのかもしれない。崖が急勾配なのは確かで、雑木林の間の散策路には、何本もの階段が造られている。底の平らなところには数多くの石像が設置されている。晩年の五島慶太氏はこの庭を好んで散策したということである。斜面を下り切った角に、二子玉川方面に行くための出口専用の門があることが分かったので、ロッカーに預けてあった荷物を取りにいったん戻った。再び庭園に出て、今度は別の階段道を通って崖を下り、駒沢通りに出た。

駒沢通りを一ブロックほど下ると丸子川のほとりに出た。なぜか一羽だけの鴨が川底をしきりにあさっていたので、それを見ながら丸子川に沿って上流に向かって歩いた。そうこうしているうちに左手奥に二子玉川駅前に建つ二子玉川ライズの建物が見えて来たので、丸子川を離れ二子玉川駅方面に向かった。

二子玉川ライズ内のレストランで遅い昼食をとって帰宅の途についた。

川越市 小江戸と呼ばれる歴史の宝庫

2024年 5月記

川越市の地理と歴史

川越市は埼玉県南西部に位置し、人口約三十五万人と、さいたま市・川口市に次ぐ県内第三位の中核都市である。

川越市は東京都と接する所沢市よりも北に位置し、現在の東京都と接しているわけでもないが、古代より江戸時代までは同じ武蔵国に属していた。地理的に川越と江戸の共通点は多く、また歴史的に密接な繋がりがあった。多摩川と荒川低地に挟まれた半島状の台地である、武蔵野台地の東端に築かれたのが江戸城であり、東北端に築かれたのが川越城であった。江戸時代には、川越藩は江戸の北の守りの要であるとされた。歴代藩主は、酒井忠勝・松平信綱・柳沢吉保など、幕府の要職に就いた藩主が多く、老中の数七名は全国でも最多の藩の一つであった。川越市街地の町割りは藩主だった松平伊豆守信綱（知恵伊豆とも言われた三代将軍家光の側近）により一六四八年頃に定められた。

また舟運を利用した物資の集積地としても重要視された。城下は武蔵国の商工業の中心、物資の集散地として栄え、物産品は新河岸川《しんがしがわ》を通じて江戸に運ばれた。新河岸川は川越からはじまり、朝霞の近くで荒川に注ぎ、やがて隅田川となった。曲がりくねっていたため川の流れはゆったりとして、水量が四季を通して一定に保たれ、そのため舟運に最適だったのである。川越方面からは俵物（米・麦・穀物）・さつまいもなどの農産物・木材などを運び、江戸からは肥料類をはじめ主に日用雑貨を運搬した。

陸上交通としては、川越街道がある。元になったのは太田道灌が江戸城と川越城をつなぐ道路として築いたものである。江戸時代には中山道の板橋宿から分岐して、脇往還として五街道に次いで重要視されるようになった。川越藩だけでなく、次第に大名行列にも使われるようになり、また物資の移動にも重要な役割を担っていた。

幕末から明治にかけては、織物が集まる街として栄えた。明治大正期には川越鉄道（現西武新宿線）・東上鉄道（現東武東上線）などの鉄道網も整備された。現在は川越駅（JR川越線）・本川越駅（西武新宿線）・川越市駅（東武東上線）の三駅を中心に栄える商業、首都圏の食糧供給地の役割を担う農業、市内北部・南西部を中心に展開している工業とバランスが取れた産業構造を有するとされる。

川越氷川祭の山車《だし》行事としてユネスコ無形文化遺産に登録されている川越まつりは、一六四八年に松平信綱が、城下の鎮守であった氷川神社に神輿や獅子頭などの祭礼用具を寄進して、江戸天下祭りを伝承するまつりを奨励したことが発祥とされる。また、明治の大火をきっかけに整備された蔵造りの街並みは、江戸時代の蔵が建ち並んだ江戸の街並みを彷彿させる。このような魅力ある歴史的・文化的資源により、川越は多くの観光客が集まる観光都市になった。この川越まつりと蔵の街に加え、新河岸川の舟運も、川越が江戸の影響を大きく受ける要因となった。このようなことから、大正時代頃から川越市は〝小江戸〟と呼ばれるようになったのである。これが、この「江戸東京歴史文学散歩」で取り上げる由縁でもある。

二〇二四年四月中旬のある晴れた土曜日、西武新宿線の終点である本川越駅から出発して、川越市の市街地をほぼ一周した。その時の記録を以下に綴ってみたい。なお市内随所にある桜の名所は、満開を少し過ぎて散り始めてはいたものの、まだまだ十分に見応えのあるものであった。また、天候の良い土曜日とあって観光地はどこも観光客であふれていた。

本川越駅・中院・仙波東照宮・喜多院・成田山川越別院

西武新宿線本川越駅の改札を出て、駅ビルの中にある観光案内所で最新の市街地地図をもらってから中院への道を進んだ。駅前を南北に走る道（中央通り）を二、三分北に進むとスクランブル交差点があるので、そこを右折する。真っ直ぐの道を東に進むと、道幅は次第に細くなるが、十分ほどで、「左・喜多院方向、右・中院方向」と記した標識のある交差点に達する。右折すると一分で中院に到達する。

中院は八三〇年慈覚大師によって創設された。当初の中院は現在の東照宮の位置にあったが、東照宮建造の折りに現在地に移された。天海僧正が喜多院に来住する以前は、むしろ中院の方が勢力を持っていたといわれる。島崎藤村の義母の墓がある関係から、境内に島崎藤村記念碑が建っている。市指定の史跡である。

中院を出て左に進み、先前の交差点を過ぎると、左側の広大な区画は喜多院の敷地である。まず始めにあるのが**仙波東照宮**である（仙波というのはこの地の地名）。徳川家康を祀る東照宮は、家康の没後その遺骸は久能山から日光に移送されたが、喜多院に四日間逗留して供養したので、天海僧正がこの地に東照宮を創建したのである。日光および久能山の東照宮とともに三大東照宮といわれている。そのまま境内を伝って喜多院の本堂前の大広場にでる。**喜多院**は「川越大師」とも呼ばれる、慈覚大師が八三〇年に創建した天台宗の寺である。一五九九年徳川家康の側近だった天海僧正が第二十七世の住職として入寺し、寺号を「喜多院」に改め、それ以降徳川将軍の手厚い保護を受けるようになった。長い歴史と徳川将軍家との深いかかわりのもとに、建物や展示物の多くが国や県の重要文化財に指定されている。家康の神号を「東照大権現」としたのも、二代将軍秀忠が天海僧正の提案を採用したからといわれる。喜多院にはさらに「日本三大五百羅漢」の一つとして知られる**五百羅漢**がある。正確には五三八体の石仏が喜多院本堂を挟んで東照宮とは対称的な区画にある。釈迦の十大弟子や十六羅漢を始め、釈迦如来・文殊菩薩・普賢菩薩・阿弥陀如来・地蔵菩薩などがある。日本にたくさんの寺がある中で、東照宮と五百羅漢の二つがあるのは喜多院だけだそうだ。

喜多院の東の山門外に、**天海大僧正の像**が建っており、その前に「天皇陛下・皇后陛下・スウェーデン国王陛下・王妃陛下・行幸啓記念碑」が建っている。案内板に二〇〇七年とあるので平成の天皇のことだったと判る。喜多院の北側に回ると、北参道入口の北西の角に、**成田山川越別院**がある。本尊は不動明王である。幕末期に、下総国新宿《にいじゅく》（現東京都葛飾区）に住む農民が、三十歳の頃失明を機に成田山新勝寺の不動尊を熱心に信仰するようになった。不動尊に帰依しているうちに、いつしか失明した目も見えるようになったので、この地にあった廃寺を成田山新勝寺の別院として再興したのが始まりであると伝えられている。

富士見櫓跡・三芳野神社・川越城本丸御殿・市立博物館・川越氷川神社・川越城大手門跡および太田道灌像（川越市役所）

成田山別院から北へ進み、川越第一小学校から東方向に進むと、かつての川越城のあった領域に達する。道の北側に、若干の石組みと、**田曲輪門《たくるわもん》跡**と刻んだ石碑があった。次に道の北側の小山は、かつては川越城の**富士見櫓《ふじみやぐら》**が建てられていたところである、と書かれた案内板があった。櫓は合戦の際に物見や防戦の足場として城壁や城門の高い場所に設けられた建物である。天守閣のなかった川越城にとって、城の中で一番高いところにあったこの三層の櫓は、天守閣の代わりになっていたと考えられている。今日では木々や高い建物のためすっかり眺望も失われてしまったが、昔はその名の通り遠く富士山までも望めたのであろう、とも案内板には書かれていたので、この小山は登らずに先を急いだ。

ものの五分も歩くと**三芳野神社**がある。この神社の起源は明らかではないが、太田道真・道灌父子による川越城築城（一四五七）以前から当地にあり、川越城築城により城内の天神廓《くるわ》に位置することになった。現存する社殿は、一六二四年、川越藩主酒井忠勝が三代将軍徳川家光の命を受けて造営したものであり、埼玉県指定文化財になっている。喜多院、仙波東照宮とともに江戸幕府の直営社とされた。祭神は素戔嗚尊《すさのおのみこと》・菅原道真などである。

わらべ歌『**とおりゃんせ**』はこの三芳野神社の参道が舞台となったといわれる。当社は川越城築城により城内の天神曲輪に位置することになり「お城の天神様」と呼ばれた。城内にあることから一般の参詣ができなくなったが、領民の信仰が篤いことから時間を区切って参詣することが認められた。この天神様にお参りするには、川越城の南大手門（現在の川越市立第一小学校の正門付近）より入り、田曲輪門を通り、富士見櫓を左手に見、さらに東に向かう小径を進み、三芳野神社に直進する細道を通ってお参りすることになっていたという。ちょうど筆者が歩いた道に近かったことと思われる。他方、一般の参詣客に紛れて密偵が城内に入り込むことを避けるため、帰りの参詣客は警護の者によって厳しく調べられた。このことから「行きはよいよい帰りはこわい……」と川越城下で唄われるようになり、それが武士や僧侶・町人たちによって江戸へ運ばれ、やがて全国へ広まったものといわれる。境内に「**わらべ歌発祥の地**」の碑がある。

三芳野神社の裏から出ると**川越城本丸御殿**がある。川越城には天守がなく、この本丸御殿が藩主の居城であった。かつての城は、西は現在の市役所、東は三芳野神社のさらに東の初雁公園、南は富士見櫓であり、北の川越市立博物館・川越市立美術館は二の丸跡だったのである。本丸御殿の北側には土塁と塀が築かれており、本丸と二の丸を隔てる北門が設けられていた。近年の発掘調査を基に土塁の一部が復元され、また、大型の柱跡が三基見つかったことから、北門跡が特定され、また北門の姿も想定されるに至った。

北門跡から出て表通り（川越城通り）の反対側にある**川越市立博物館**に行った。定時の館内ツアーについて尋ねたら、時間外ということであった。市立博物館の展示は時代ごとに分かれていて解りやすい。原始・古代については、入間川流域や仙波台地での発掘調査に基づいて、縄文時代から古墳時代にかけての社会の様相を展示している。中世については、川越地方の武家社会の成立を河越氏・上杉氏・後北条氏らの活躍を中心に展示している。

近世については、江戸との関わりが深かった城下町川越の特色や文化、新河岸川の舟運などのテーマで展示している。ここでは四角く大きな展示室の中央に川越市の市街地の大パノラマ模型が設置されており、ひと際目を引いた。この部屋に入った時、大パノラマの前にいた一組のカップルの前で、川越が小江戸と言われる所以などについて、学芸員が説明していたので便乗して聞くことができた。新河岸川の舟運についても詳しい話が聞けた。江戸との交易の集散地となった川越の商業は大いに繁栄したようである。

近・現代については城下町から近代都市への発展を、川越大火と蔵造りの街並みや、産業の振興などを中心に展示している。この部屋についても前述の学芸員に解説をお願いしたら快く引き受けてくれた。ここでの圧巻は、部屋の中央に設置されている、中央通りに連なっている蔵造りの街並みの復元模型である。明治二十六年（一八九三）の川越町の大火では、木造建築が中心であった目抜き通りの商店街のほとんどが焼き尽くされてしまったが、その前から蔵造りにしていた大沢家住宅だけが焼け残った。そこで川越町の商人たちは衆議一決**蔵造りの街**を造ることを決め、わずか一年後には現在まで続く蔵造りの街並みが出来上がったのである。また、部屋の両壁際に立体的に設置されている蔵造りの構造模型からは、いざ付近で火事が起こった時に閉める扉や窓の構造がよく解る。屋根についている鬼瓦についても、大きなものは高さ二メートル近くに及ぶようだ。

民俗に関する部屋では川越の職人と祭について展示して

おり、川越まつりに関する映像もあったが時間の関係で省略した。

川越市立博物館の後は**川越氷川神社**である。創建は古墳時代の五四一年（欽明天皇二年）と伝えられる。太田道灌以来川越の総鎮守とされ、川越藩主ら歴代領主の篤い信仰を受けた。主神は素戔嗚尊であり古くから夫婦円満・縁結びの神社として信仰されている。神社の背後に流れる**新河岸川の堤の桜**は、散り始めているとはいえ、まだまだ十分に見応えがあり、晴れた土曜日とあって、境内は大変な人出であった。国の重要無形文化財である川越まつりは、毎年十月十四日にこの氷川神社にて斎行されるのである。

氷川神社を出て西に進み、裁判所前を左折し大手門前の交差点に出ると、川越市役所がある。その角近くに**川越城大手門跡**の石碑があり、その少し奥には**太田道灌の像**が建っている。

市役所前交差点・札ノ辻・菓子屋横丁、蔵造りの街並み【川越まつり会館・大沢家住宅・時の鐘・埼玉りそな銀行蔵の町出張所】、大正浪漫通り【川越商工会議所】、中央通り（昭和の街）【蓮馨寺《れんけいじ》・川越熊野神社】、本川越駅

市役所前の交差点の対角線の角にある蕎麦屋に狙いをつけて昼食をと思っていたのだが生憎お休みだった。そこで東西方向の広い道（川越城通り）を西方向に歩いて行ったら、牛肉料理屋があったが玄関口の前は長蛇の列であった。その横に小窓があって、メンチカツを一個ずつ袋に入れて売っていたのでそちらに並んでゲットし、歩きながら食べた。食べ終わったころ川越名産のサツマイモを縦にスライスしたチップが、大きめの紙コップに入って売っていたので今度はそれをバリバリと食べながら先へ進んだ。

次の交差点で北方向に渡ると、北東の角に**札ノ辻跡**の黒い石の記念碑がある。札ノ辻とは人通りの多い場所で時の政府が高札場を設け、法令規則を掲示して政策の浸透を図ったところである。ネットで検索したところ、かつては全国至る所にあったはずなのだが、東京都港区にある江戸の札ノ辻など十件程度の例が上がっている中で、なぜか川越の札ノ辻が含まれている。

再び道路の南側にわたって西方向に二ブロックほど進むと、**菓子屋横丁**の入口がある。この辺り広くない道の両側には菓子屋や料理屋が並び、ソフトクリーム・コーンを手にした家族連れや若者のグループなどで、道はかなり混雑していた。キュウリを割りばしに刺して売っている店もあった。名物と称するウナギ料理屋も何軒かあったが、昔は近くの川で捕れたものが、今では中国からの輸入品に頼っているのだろうか。

そうこうしているうちに東に戻って、札ノ辻の交差点から南北に走る中央通り・**蔵造りの街並み**に出た。道の両側に見渡す限り蔵造りの建物が並び壮観だ。左折して札ノ辻の方向に進むとすぐに**川越まつり会館**がある。平成十五年（二〇〇三）にオープンしたこの施設では、常時本物の山車《だし》二台を展示し、大型スクリーンでは祭礼場面を上映している。休日には川越祭囃子の実演もあって年間を通して川越まつりを体感できる施設になっている。

　ここで道の反対側に渡ると**大沢家住宅**がある。この建物は、呉服を営む豪商近江屋半右衛門が一七九三年に店舗として建てたものである。防火を目的とする土蔵造りのお陰で、その後数度にわたる大火にも類焼を免れた。特に明治二十六年（一八九三）の大火では周囲の木造建築はすべて焼き尽くされ、この建物だけが類焼を免れてぽつんと立っていたという。それから一年後にはこの通りを中心に蔵造りの街並みが造られていた、ということは全く驚嘆に値する。焼け出された直後でありながら、街全体が高額な復旧・地域づくりに取り組めたということは、相当の経済力の蓄積があったものと推測される。今でも蔵造りの建物はこの道を中心に約三十軒残っているそうだ。なお、大沢家住宅は、関東地方の町家の蔵造り商家の古い例として最も重要な建造物であり、国指定の重要文化財（建造物）とされている。

　大沢家住宅から蔵の街を少し南下し、鐘つき通りと名のついた道の角を左折すると**時の鐘**がある。江戸時代初期の一六二七年から一六三四年の間に、川越藩主酒井忠勝によって建てられた。現存の鐘楼は明治二十六年の川越大火の直後に再建されたものであるが、周囲の蔵の街の景観によくマッチしている。今でも一日四回（六時・正午・十五時・十八時）、由緒ある音が響き渡るそうだ。さらに南に下ったところに「元祖川越芋そうめん」という看板を掲げた店があり、時間は二時に近くになっていて空席も見かけられたので入ってみた。ラーメンに近い歯応えで、芋が原料であることは、言われても容易には違いが判らなかった。道の反対側のとりわけ立派な蔵造りのうなぎ屋の前には人だかりがあっ

て、窓口から何かを買い求めていた。

　蔵の街をさらに南に下ると大正時代のレンガ造りや鉄筋コンクリートの建物が現れて来る。川越で近代洋風建築に足跡を残したのは、安岡勝也《やすおかかつや》（一八七七〜一九四二）である。安岡は東京帝国大学で辰野金吾に学び、三菱に入社して、丸の内赤レンガオフィス街設計の中心になったことで知られる。三十代で独立し、川越で幾つかの近代建築を設計したが、その中で蔵の街にあるのは**旧第八十五銀行本店**（現埼玉りそな銀行川越支店蔵の町出張所・登録有形文化財）である。ネオ・ルネサンス様式の角に建つ青緑色のドーム状の塔屋が印象的である。

　中町の交差点までの中央通りが「蔵造りの街並み」と呼ばれ、この先の南側は「**中央通り（昭和の街）**」と呼ばれている。しかしここで左折して中央通りから離れ、すぐまた右折するが、左手の角に建っているのは**旧武州銀行川越支店**（現川越商工会議所）の建物である。古代ギリシャ建築を思わせる柱が並ぶ外観はパルテノン神殿を思わせる。設計は前田健二郎（一八九二〜一九五〇、東京美術学校出身の建築家、日本橋高島屋など設計した建築多数）である。これから先の道は**大正浪漫夢通り**と呼ばれる道で、言われてみれば何やら大正ロマンの店が並んでいるようにも思われた。道路の上には両側の建物から多数のロープが張られ、おびただしい数の鯉のぼりがはためいていた。

　再び中央通りに戻って信号を渡ると**蓮馨寺**《れんけいじ》である。一五四九年創建の浄土宗の寺である。毎月八日の呑龍デー（子育ての神様の縁日）には境内でフリーマーケットが開かれて賑わうそうだ。次の信号で再び対岸に渡ると角に**川越熊野神社**がある。一五九〇年に紀州の熊野神社から分祀した開運・縁結び・厄除け祈願の神社である。

　ここまで来ればあと五、六分でスタートした本川越の駅である。丸一日で大層充実した川越の歴史散歩となった。

あとがき

　この本『続・続 江戸東京歴史文学散歩』は、季刊同人誌「ぺんぷらざ」に二〇二一年一月号から二〇二四年七月号まで、十五回にわたって投稿してきた連載「江戸東京歴史文学散歩」をとりまとめたものです。その前十年余にわたって同紙に投稿してきたものをもとに二〇一六年に上梓した『江戸東京歴史文学散歩』、および二〇二一年に上梓したその続編の、さらに続続編にあたります。「ぺんぷらざ」は諏訪恭也さん（元ＮＨＫ理事・青森放送局長）が一九九五年に創刊された季刊の同人誌ですが、二〇二四年七月号（第一一五号）を最後に惜しまれつつ廃刊されました。その後は小松書館による「季刊 継」に引き継がれています。

　執筆に当たっては、様々な文献を参考としつつ、筆者が実際に歩いて歴史的なモニュメントや周囲の状況を確認しました。この本に収録されている多くのコースにおいて、ＮＰＯ法人東京シティガイドクラブ主催のツアーに参加することにより、貴重な情報とアイデアをいただきました。関係者に厚くお礼を申し上げます。この本が読者の東京散歩のガイドとして、少しでもお役に立つことができるならば、筆者としてこの上ない喜びです。

　この本がこのような形で出版されるにあたり、本シリーズがここまで継続できたのは、「ペんぷらざ」という作品発表の場に恵まれたことと、同人各位の温かい励ましの言葉があったからです。また、前二作の読者からも多くの応援をいただきました。有難うございます。
この本の出版には、前二作と同じ高遠書房の皆さんのお世話になりました。

最後になりますが、筆者はこの三月に八十歳を迎えました。五十年余り連れ添ってきた妻・眞知子に、感謝の意を込めてこの本を捧げます。

二〇二五年早春

入谷盛宣

続・続 江戸東京歴史文学散歩／参考文献一覧

『江戸東京歴史の散歩道1～6』
街と暮らし社　一九九九～二〇〇三年
『東京都の歴史散歩』
東京都歴史教育研究会編
発行　株式会社山川出版社
上　下町　二〇〇五年
中　山手　二〇〇五年
下　多摩・島嶼　二〇〇五年
井伏鱒二『荻窪風土記』（新潮文庫）一九六二年
『新版　荻窪の記憶』非売品
荻窪地域区民センター協議会発行　令和三年二月
『世田谷の歴史と文化』平成二十六年
世田谷区立郷土資料館編集発行
『訪ねて楽しい大山街道』
川崎市大山街道ふるさと館発行　平成二十八年三月
『練馬の伝統野菜・練馬大根』
練馬区発行　平成二十四年三月
『練馬と言えば大根・練馬大根いまむかし』
練馬区立石神井公園発行　令和四年九月
『貴重な歴史と文化が息づくまち―成城―
のまちづくりを考える』　一九九四年
世田谷区砧総合支所街づくり課　発行
『八王子市郷土資料館常設展示ガイドブック』
編集　八王子市郷土資料館
発行　八王子市教育委員会　平成三十年三月
『東京人』令和四年三月号（第三七巻一一号）
特集　川越散歩

本文内の地図
国土地理院の電子地形図25000に説明を追記して作成

著者略歴

入谷 盛宣（いりたに もりのぶ）

1945年東京都生まれ　世田谷区在住
大学卒業後国家公務員を経て
現在はファイナンシャル・プランナー（CFP）
元季刊誌「ぺんぷらざ」同人
著書『江戸東京歴史文学散歩』（2016年・高遠書房）
　　『続 江戸東京歴史文学散歩』（2021年・高遠書房）

続・続 江戸東京歴史文学散歩

2025年4月18日　第1刷

著　者	入谷盛宣
編集者	後藤田鶴
発行所	高遠書房 〒399-3104　長野県下伊那郡高森町上市田630 TEL0265-35-1128　FAX0265-35-1127
印刷・製本	龍共印刷株式会社
定　価	本体1500円＋税

ISBN978-4-925026-58-1　C0095